MOLIÈRE

LE MALADE IMAGINAIRE

COMÉDIE

TEXTE INTÉGRAL

Classiques Hachette

*Texte conforme
à l'édition des Grands Écrivains de la France.*

*Notes explicatives, questionnaires, bilans,
documents et parcours thématique*

établis par

Françoise SPIESS.

La couverture de cet ouvrage a été réalisée avec l'aimable collaboration de la Comédie-Française.

Photographie de couverture : Philippe Sohiez

Crédits photographiques

p. 4 : buste de Molière par Houdon - Comédie française - Photographie Bulloz.
pp. 8-9 : frontispice du *Malade imaginaire* (acte I, scène 7), gravé par Sauvé d'après un dessin de Brussart : Argan indique au notaire ses dispositions testamentaires en faveur de Béline (Œuvres de Molière, édition de Vinot et Lagrange, 1682) - Paris, Bibliothèque de la Comédie française - Photographie Hachette.
pp. 20, 109 et 172 : Photographies Bulloz.
pp. 38, 78, 80, 87, 93 : Photographies Enguérand.
pp. 97 et 100 : Michel Bouquet et Vanessa Zoui dans une mise en scène de Pierre Boutron, Théâtre de l'Atelier, 1987 - Photographies Enguérand.
pp. 116 et 134 : Photographies Enguérand.
p. 126 : Jean Le Poulain dans une mise en scène de Jean-Laurent Cochet, Comédie française, 1979 - Photographie Enguérand.
pp. 98, 136 : Photographies Hachette.
p. 147 : fauteuil dans lequel Molière joua le rôle d'Argan et qui servit, à la Comédie française, de 1673 à 1880, aux représentations du *Malade imaginaire* - Photographie Hachette.
p. 155 : registre de La Grange, signalant la mort de Molière le vendredi 17 février 1673 ; en voici la transcription : *Ce même jour, après la comédie, sur les dix heures du soir, Monsieur de Molière mourut dans sa maison rue de Richelieu, ayant joué le rôle du* Malade imaginaire, *fort incommodé d'un rhume et [d'une] fluxion sur la poitrine qui lui causait une grande toux, de sorte que, dans les grands efforts qu'il fit pour cracher, il se rompit une veine dans le corps et ne vécut pas [une] demi-heure ou trois quarts d'heure depuis ladite veine rompue. Son corps est enterré à St Joseph, aide de la paroisse St Eustache. Il y a une tombe élevée d'un pied hors de terre.*
Dans le désordre où la troupe se trouva après cette perte irréparable, le Roi eut dessein de joindre les acteurs qui la composaient aux comédiens de l'Hôtel de Bourgogne. - Photographie Hachette.
pp. 161, 164, 181 et 186 : Photographies Hachette.

I.S.B.N. 2.01.017225.6

SOMMAIRE

Molière et *Le Malade imaginaire* 4
Le Malade imaginaire d'hier à aujourd'hui 6

LE MALADE IMAGINAIRE (texte intégral)

Prologue 11
Acte I 21
Premier intermède 49
Acte II 61
Second intermède 95
Acte III 101
Troisième intermède 137

MOLIÈRE ET SON TEMPS

Chronologie 148
Vie d'un comédien au temps de Molière 150

À PROPOS DE L'ŒUVRE

Schéma narratif de la pièce 151
Sources littéraires 152
Critiques et jugements 156

PARCOURS THÉMATIQUE

La médecine au temps de Molière 164
La satire de la médecine 166
Le théâtre dans le théâtre 175
Index des thèmes de l'œuvre 188

ANNEXES

Lexique 192
Bibliographie, filmographie, discographie 192

En 1672, lorsque commencent les répétitions de ce qui sera sa dernière pièce, Molière est au sommet de sa gloire... et au comble de ses ennuis !
Il est malade et entouré d'ennemis.
La satire de la médecine, qu'il avait abordée dans Le Médecin volant (1659) et dans L'Amour médecin (1665), l'ont fait triompher avec Le Médecin malgré lui (1666). D'autre part, depuis huit ans, il collabore avec Lulli et fait représenter devant le roi de nombreuses comédies-ballets dans les intermèdes desquels Louis XIV ne dédaigne pas de danser.
Il associe donc à ce genre qu'il a abordé avec bonheur : la comédie-ballet, un thème qui lui tient particulièrement à cœur : la satire de la médecine, qu'il traite, à son habitude, sur le mode de la farce.
Et voilà Le Malade imaginaire, œuvre virevoltante, gaie, drôle, tragique, qui dénonce, au milieu des danses, des chants, des déguisements, la fatuité des médecins bornés, plus préoccupés de suivre les règles établies que de guérir, l'égoïsme des hommes, leur naïveté, leur cupidité, leur hypocrisie.
Cette dernière pièce, que les intrigues de Lulli, devenu son ennemi, empêcheront d'être créée devant le Roi, triomphera dans la salle du Palais Royal à partir du 13 février 1673. Mais Molière, qui joue Argan, le malade imaginaire, a du mal à finir la quatrième représentation. Transporté chez lui, il y meurt une heure plus tard.
La pièce sera jouée triomphalement à Versailles devant le roi, le 18 juillet 1674.
Triomphe posthume bien amer !

ÉVOLUTION DE LA COMÉDIE AU XVIIe SIÈCLE

Comédie

CORNEILLE, né en 1606

1629 *Mélite*
1632 *La Galerie du Palais*
1633 *La Suivante*
1634 *La Place Royale*
1636 *L'Illusion comique*

1636 *Le Cid*
Tragicomédie

1643 *Le Menteur* et
1644 *La Suite du Menteur*

Tragédie

MOLIÈRE

1655 *L'Étourdi*
1659 *Les Précieuses ridicules*
1662 *L'École des femmes*
1664 *Le Mariage forcé**
*La Princesse d'Élide**
Le premier *Tartuffe*
1665 *Dom Juan*
L'Amour médecin (musique de Lulli)
1666 *Le Misanthrope*
Le Médecin malgré lui
1667 Le deuxième *Tartuffe*
1668 *L'Avare*
1669 Le troisième *Tartuffe*
*Monsieur de Pourceaugnac**
1670 *Les Amants magnifiques**
*Le Bourgeois gentilhomme**
1671 *Psyché* (tragédie-ballet)
Les Fourberies de Scapin
1672 *Les Femmes savantes*

1673 *Le Malade imaginaire*

* comédie-ballet

Depuis plus de trois siècles, nous rions d'Argan se précipitant dans sa « garde-robe », et des Diafoirus, automates burlesques de la médecine. Pourquoi ? L'intrigue n'est guère originale : un père égoïste veut marier sa fille à un gendre qui lui sera utile. Le genre, la comédie-ballet, n'est plus guère prisé, même s'il apparaît comme l'ancêtre de notre comédie musicale. Le sujet, la médecine, maintenant qu'elle est devenue sérieuse, ne prête plus à plaisanter. Alors, de quoi continuons-nous à rire avec tant de bonheur, avec si peu de retenue ?
Nous rions avant tout d'une farce perpétuelle, ponctuée, pendant les intermèdes, des coups de bâton que reçoit Polichinelle, et qui se termine en apothéose par une folle cérémonie transformant le malade en médecin ! Car il y a de la folie dans Le Malade imaginaire ! Mais c'est une saine folie, celle qui refuse que la bêtise des Purgon et des Fleurant, l'hypocrisie des Bonnefoi, la cupidité des Béline, l'égoïsme des Argan, triomphent de notre vie. Alors Molière se rit d'eux, les maltraite par le verbe et fait triompher l'amour et l'intelligence.
Mais il ne faut pas s'y tromper : si l'on rit si fort aux dernières pièces de Molière, et, en particulier, au Malade imaginaire, c'est que la mort plane et qu'il faut nous en défendre. Louison contrefait la morte, Argan contrefait le mort... et Molière meurt en prêtant un farfelu serment de médecin. Mais le rire qu'il a laissé dans son sillage est le plus beau pied de nez qu'il ait pu faire à la mort, et le rire que nous laissons éclater en lisant, en voyant Le Malade imaginaire, est, à chaque fois, une victoire de l'homme sur la mort.

Brisart d.
LE MALADE IMAGINAIRE

LE MALADE IMAGINAIRE,

COMEDIE MESLÉE DE MUSIQUE ET DE DANSES.

Par Monsieur de MOLIERE.

Corrigée sur l'original de l'Autheur, de toutes les fausses additions & suppositions de Scenes entieres, faites dans les Editions precedentes.

Representée pour la premiere fois, sur le Theatre de la Salle du Palais Royal, le dixiéme Février 1673.
Par la Trouppe du ROY.

L ij

PERSONNAGES

ARGAN, malade imaginaire.

BÉLINE, seconde femme d'Argan.

ANGÉLIQUE, fille d'Argan et amante• de Cléante.

LOUISON, petite fille d'Argan et sœur d'Angélique.

BÉRALDE, frère d'Argan.

CLÉANTE, amant• d'Angélique.

MONSIEUR DIAFOIRUS, médecin.

THOMAS DIAFOIRUS, son fils et amant d'Angélique.

MONSIEUR PURGON, médecin d'Argan.

MONSIEUR FLEURANT, apothicaire.

MONSIEUR BONNEFOI, notaire.

TOINETTE, servante.

La scène est à Paris.

Les passages composés en italique représentent les parties chantées.
Les mots signalés (•) dans la pièce sont définis dans le lexique p. 192.

PROLOGUE

Après les glorieuses fatigues et les exploits victorieux[1] de notre auguste[2] monarque, il est bien juste que tous ceux qui se mêlent[3] d'écrire travaillent ou à ses louanges ou à son divertissement. C'est ce qu'ici l'on a voulu faire, et ce prologue est un essai des louanges de ce grand prince, qui donne entrée[4] à la comédie du *Malade imaginaire*, dont le projet a été fait pour le délasser de ses nobles travaux.
(La décoration représente un lieu champêtre, et néanmoins fort agréable.)

ÉGLOGUE[5] en musique et en danse

FLORE[6], PAN[7], CLIMÈNE, DAPHNÉ, TIRCIS, DORILAS,
DEUX ZÉPHYRS[8], TROUPE DE BERGÈRES ET DE BERGERS

FLORE.
Quittez, quittez vos troupeaux,
Venez, Bergers, venez, Bergères,
Accourez, accourez sous ces tendres ormeaux[9] ;
Je viens vous annoncer des nouvelles bien chères[10]
5 *Et réjouir tous ces hameaux.*
Quittez, quittez vos troupeaux,
Venez, Bergers, venez, bergères,
Accourez, accourez sous ces tendres ormeaux.
CLIMÈNE ET DAPHNÉ.
Berger, laissons là tes feux[11],
10 *Voilà Flore qui nous appelle.*

---

1. *les exploits victorieux* : il s'agit ici de la conquête de la Hollande par Louis XIV, en 1672.
2. *auguste* : vénérable.
3. *se mêlent* : s'occupent de.
4. *qui donne entrée* : qui sert de prologue.
5. *églogue* : poème qui parle de la vie aux champs.
6. *Flore* : déesse des fleurs chez les Romains.
7. *Pan* : dieu des bergers et des bois chez les Grecs.
8. *Zéphirs* : dieux des vents.
9. *ormeaux* : petits ormes.
10. *chères* : qui concernent une personne aimée.
11. *tes feux* : ton amour.

TIRCIS ET DORILAS.
Mais au moins dis-moi, cruelle,
TIRCIS.
Si d'un peu d'amitié tu payeras mes vœux[1].
DORILAS.
Si tu seras sensible à mon ardeur fidèle.
CLIMÈNE ET DAPHNÉ.
Voilà Flore qui nous appelle.
TIRCIS ET DORILAS.
15 *Ce n'est qu'un mot, un mot, un seul mot que je veux.*
TIRCIS.
Languirai-je toujours dans ma peine mortelle ?
DORILAS.
Puis-je espérer qu'un jour tu me rendras heureux ?
CLIMÈNE ET DAPHNÉ.
Voilà Flore qui nous appelle.

ENTRÉE DE BALLET
Toute la troupe des bergers et des bergères va se placer en cadence autour de Flore.

CLIMÈNE.
Quelle nouvelle parmi nous,
Déesse, doit jeter tant de réjouissance ?
DAPHNÉ.
Nous brûlons d'apprendre de vous
Cette nouvelle d'importance.
DORILAS.
5 *D'ardeur nous en soupirons tous.*
TOUS ENSEMBLE.
Nous en mourons d'impatience.
FLORE.
La voici ; silence, silence !
Vos vœux sont exaucés, LOUIS est de retour ;

1. *tu payeras mes vœux* : tu récompenseras mon attente.

Il ramène en ces lieux les plaisirs et l'amour,
10 *Et vous voyez finir vos mortelles alarmes ;*
Par ses vastes exploits son bras voit tout soumis,
Il quitte les armes,
Faute d'ennemis.

TOUS ENSEMBLE.
Ah ! quelle douce nouvelle !
15 *Qu'elle est grande ! qu'elle est belle !*
Que de plaisirs, que de ris[1]*, que de jeux !*
Que de succès heureux !
Et que le Ciel a bien rempli nos vœux !
Ah ! quelle douce nouvelle !
20 *Qu'elle est grande ! qu'elle est belle !*

AUTRE ENTRÉE DE BALLET
Tous les bergers et bergères expriment par des danses les transports[2] de leur joie.

FLORE.
De vos flûtes bocagères[3]
Réveillez les plus beaux sons :
LOUIS offre à vos chansons
La plus belle des matières[4]
5 *Après cent combats*
Où cueille son bras
Une ample victoire,
Formez entre vous
Cent combats plus doux
10 *Pour chanter sa gloire.*

TOUS.
Formons entre nous
Cent combats plus doux
Pour chanter sa gloire.

1. *ris* : rires.
2. *transports* : manifestations passionnées.
3. *flûtes bocagères* : flûtes qui s'entendent dans les bois.
4. *matières* : sujets.

FLORE.

Mon jeune amant•, dans ce bois
15 *Des présents*[1] *de mon empire*
Prépare un prix à la voix
Qui saura le mieux vous dire
Les vertus et les exploits
Du plus auguste des rois.

CLIMÈNE.

20 *Si Tircis a l'avantage,*

DAPHNÉ.

Si Dorilas est vainqueur,

CLIMÈNE.

À le chérir je m'engage.

DAPHNÉ.

Je me donne à son ardeur.

TIRCIS.

Ô trop chère espérance !

DORILAS.

25 *Ô mot plein de douceur !*

TOUS DEUX.

Plus beau sujet, plus belle récompense,
Peuvent-ils animer un cœur ?

Les violons jouent un air pour animer les deux bergers au combat, tandis que Flore, comme juge, va se placer au pied d'un bel arbre qui est au milieu du théâtre, avec deux Zéphyrs, et que le reste, comme spectateurs, va occuper les deux côtés de la scène.

TIRCIS.

Quand la neige fondue enfle un torrent fameux,
Contre l'effort soudain de ses flots écumeux
30 *Il n'est rien d'assez solide ;*
Digues, châteaux, villes et bois,

1. *des présents* : parmi les richesses.

Hommes et troupeaux à la fois,
Tout cède au courant qui le guide.
Tel, et plus fier[1]*, et plus rapide,*
35 *Marche LOUIS dans ses exploits.*

BALLET
Les Bergers et Bergères du côté de Tircis dansent autour de lui, sur une ritournelle[2], pour exprimer leurs applaudissements.

DORILAS.
Le foudre[3] *menaçant qui perce avec fureur*
L'affreuse[4] *obscurité de la nue• enflammée*
Fait d'épouvante et d'horreur
Trembler le plus ferme cœur ;
5 *Mais à la tête d'une armée*
LOUIS jette plus de terreur.

BALLET
Les Bergers et Bergères du côté de Dorilas font de même que les autres.

TIRCIS.
Des fabuleux exploits que la Grèce a chantés,
Par un brillant amas[5] *de belles vérités,*
Nous voyons la gloire effacée ;
Et tous ces fameux demi-dieux[6]
5 *Que vante l'histoire passée*

1. *fier* : redoutable.
2. *ritournelle* : refrain.
3. *le foudre* : la foudre (le mot était masculin au XVIIe siècle).
4. *affreux* : qui terrorise.
5. *amas* : ensemble de choses accumulées.
6. *demi-dieux* : personnages de la mythologie grecque et latine, nés d'une mortelle et d'un dieu (ou inversement).

Ne sont point à notre pensée
Ce que LOUIS est à nos yeux.

BALLET
Les Bergers et Bergères du côté de Tircis font encore la même chose.

DORILAS.
LOUIS fait à nos temps, par ses faits inouïs,
Croire tous les beaux faits que nous chante l'histoire
Des siècles évanouis ;
Mais nos neveux[1]*, dans leur gloire,*
5 *N'auront rien qui fasse croire*
Tous les beaux faits de LOUIS.

BALLET
Les Bergères du côté de Dorilas font encore de même, après quoi les deux partis se mêlent.

PAN, suivi de six faunes[2].
Laissez, laissez, Bergers, ce dessein téméraire[3] *;*
Hé ! que voulez-vous faire ?
Chanter sur vos chalumeaux[4]
Ce qu'Apollon[5] *sur sa lyre,*
5 *Avec ses chants les plus beaux,*
N'entreprendrait pas de dire ?
C'est donner trop d'essor[6] *au feu qui vous inspire,*
C'est monter vers les cieux sur des ailes de cire,
Pour tomber dans le fond des eaux.

1. *neveux* : petits-fils (du latin *nepos, nepotis*).
2. *faune* : divinité champêtre chez les Romains.
3. *dessein téméraire* : projet dangereux.
4. *chalumeau* : petite flûte.
5. *Apollon* : dieu du soleil.
6. *essor* : élan, force.

10 *Pour chanter de LOUIS l'intrépide courage,*
Il n'est point d'assez docte[1] *voix,*
Point de mots assez grands pour en tracer l'image ;
Le silence est le langage
Qui doit louer ses exploits.
15 *Consacrez d'autres soins à sa pleine victoire,*
Vos louanges n'ont rien qui flatte ses désirs,
Laissez, laissez là sa gloire,
Ne songez qu'à ses plaisirs.

TOUS.
Laissons, laissons là sa gloire,
20 *Ne songeons qu'à ses plaisirs.*

FLORE.
Bien que, pour étaler ses vertus immortelles,
La force manque à vos esprits,
Ne laissez pas tous deux de[2] *recevoir le prix.*
Dans les choses grandes et belles,
25 *Il suffit d'avoir entrepris.*

ENTRÉE DE BALLET
Les deux Zéphyrs dansent avec deux couronnes de fleurs à la main, qu'ils viennent donner ensuite aux deux Bergers.

CLIMÈNE ET DAPHNÉ, en leur donnant la main.
Dans les choses grandes et belles,
Il suffit d'avoir entrepris.

1. *docte* : savante.
2. *ne laissez pas... de* : ne manquez pas de.

TIRCIS ET DORILAS.
Ah ! que d'un doux succès notre audace est suivie !

FLORE ET PAN.
5 *Ce qu'on fait pour LOUIS, on ne le perd jamais.*

LES QUATRE AMANTS.
Au soin de ses plaisirs donnons-nous désormais.

FLORE ET PAN.
Heureux, heureux qui peut lui consacrer sa vie !

TOUS.
Joignons tous dans ces bois
Nos flûtes et nos voix,
10 *Ce jour nous y convie,*
Et faisons aux échos redire mille fois :
LOUIS est le plus grand des rois.
Heureux, heureux qui peut lui consacrer sa vie !

DERNIÈRE ET GRANDE ENTRÉE DE BALLET
Faunes, Bergers et Bergères, tous se mêlent, et il se fait entre eux des jeux de danses, après quoi ils se vont préparer pour la comédie.

Questions

Compréhension

1. *À quoi sert le prologue ?*

2. *Quels sont les thèmes du prologue qui annoncent l'intrigue de la pièce ?*

3. *Dites avec précision qui sont les personnages du prologue.*

Écriture

4. *Sous quelle forme se présente le prologue ? Est-ce différent du reste de la pièce ?*

5. *Sur le modèle de la première réplique de Flore, inventez un court poème à l'impératif, pour inviter des spectateurs à venir voir un spectacle, ou pour vanter un produit.*

Mise en scène

6. *Ce prologue n'est pas toujours représenté. À votre avis, pourquoi ?*

7. *Comment les personnages doivent-ils être habillés ? Cela correspond-il à l'époque à laquelle ils sont censés appartenir ? Pourquoi ?*

Argan (acte I, scène 1), gravure de Blanchard (B.N.).

ACTE PREMIER

SCÈNE 1. Argan

ARGAN, *seul dans sa chambre, assis, une table devant lui, compte des parties*[1] *d'apothicaire*[2] *avec des jetons*[3]. *Il fait, parlant à lui-même, les dialogues suivants.* Trois et deux font cinq, et cinq font dix, et dix font vingt. Trois et deux
5 font cinq. « Plus, du vingt-quatrième[4], un petit clystère• insinuatif[5], préparatif et rémollient[6], pour amollir, humecter et rafraîchir les entrailles de monsieur. » Ce qui me plaît de monsieur Fleurant, mon apothicaire, c'est que ses parties sont toujours fort civiles[7] : « les entrailles de monsieur,
10 trente sols[8]. » Oui ; mais, monsieur Fleurant, ce n'est pas tout que d'être civil, il faut être aussi raisonnable et ne pas écorcher les malades. Trente sols un lavement ! Je suis votre serviteur[9], je vous l'ai déjà dit. Vous ne me les avez mis dans les autres parties qu'à vingt sols, et vingt sols en langage
15 d'apothicaire, c'est-à-dire dix sols ; les voilà, dix sols. « Plus, dudit jour[10], un bon clystère détersif[11], composé avec catholicon[12] double, rhubarbe, miel rosat[13] et autres, suivant l'ordonnance, pour balayer, laver et nettoyer le bas-ventre de monsieur, trente sols. » Avec votre

---

1. et 2. *parties d'apothicaire* : factures de pharmacien.
3. *jetons* : pour faire ses comptes, Argan utilise des jetons placés par tas (c'est un peu le système du boulier asiatique).
4. *vingt-quatrième* : le vingt-quatrième jour du mois.
5. *insinuatif* : qu'on introduit dans le derrière.
6. *remollient* : qui ramollit.
7. *civiles* : polies.
8. *sol* : un sol est égal à douze deniers et il y a vingt sols dans une livre (ou un franc). Le salaire annuel moyen d'un ouvrier était environ de 200 livres. On évalue grossièrement la livre à 20 francs 1991.
9. *je suis votre serviteur* : la formule est fréquemment employée pour dire à quelqu'un son désaccord.
10. *dudit jour* : du même jour.
11. *détersif* : destiné à nettoyer.
12. *catholicon* : sirop.
13. *rosat* : avec une infusion de roses.

20 permission, dix sols. « Plus, dudit jour, le soir, un julep[1] hépatique[2], soporatif• et somnifère, composé pour faire dormir monsieur, trente-cinq sols. » Je ne me plains pas de celui-là, car il me fit bien dormir. Dix, quinze, seize et dix-sept sols, six deniers. « Plus, du vingt-cinquième, une 25 bonne médecine[3] purgative[4] et corroborative[5], composée de casse• récente avec séné levantin[6] et autres, suivant l'ordonnance de monsieur Purgon, pour expulser et évacuer la bile• de monsieur, quatre livres. » Ah ! monsieur Fleurant, c'est se moquer, il faut vivre avec les malades. Mon-30 sieur Purgon ne vous a pas ordonné de mettre quatre francs. Mettez, mettez trois livres, s'il vous plaît. Vingt et trente sols. « Plus, dudit jour, une potion anodine[7] et astringente[8] pour faire reposer monsieur, trente sols. » Bon... dix et quinze sols. « Plus, du vingt-sixième, un clystère carmina-35 tif[9] pour chasser les vents[10] de monsieur, trente sols. » Dix sols, monsieur Fleurant. « Plus le clystère de monsieur réitéré[11] le soir, comme dessus, trente sols. » Monsieur Fleurant, dix sols. « Plus, du vingt-septième, une bonne médecine composée pour hâter d'aller[12], et chasser dehors 40 les mauvaises humeurs[13] de monsieur, trois livres. » Bon, vingt et trente sols ; je suis bien aise que vous soyez raisonnable. « Plus, du vingt-huitième, une prise de petit-lait clarifié et dulcoré[14], pour adoucir, lénifier[15], tempérer et rafraîchir le sang de monsieur, vingt sols. » Bon, dix sols.

1. *julep* : potion.
2. *hépatique* : qui soigne le foie.
3. *médecine* : remède.
4. *purgative* : qui purge, qui nettoie.
5. *corroborative* : qui donne de la force.
6. *séné levantin* : genre de casse qui vient d'Orient.
7. *anodine* : calmante.
8. *astringente* : qui resserre les tissus.
9. *carminatif* : contre les gaz digestifs (vents).
10. *vents* : pets.
11. *réitéré* : recommencé, renouvelé.
12. *aller* : aller à la selle.
13. *humeurs* : terme qui désignait les quatre liquides de l'organisme : sang, phlegme, bile•, bile• noire.
14. *dulcoré* : sucré.
15. *lénifier* : calmer, apaiser.

45 « Plus une potion cordiale[1] et préservative[2], composée avec douze grains[3] de bézoard[4], sirop de limon[5] et grenade[6], et autres suivant l'ordonnance, cinq livres. » Ah ! monsieur Fleurant, tout doux, s'il vous plaît ; si vous en usez comme cela, on ne voudra plus être malade : contentez-vous de
50 quatre francs ; vingt et quarante sols. Trois et deux font cinq, et cinq font dix, et dix font vingt. Soixante et trois livres, quatre sols, six deniers. Si bien donc que, de ce mois, j'ai pris une, deux, trois, quatre, cinq, six, sept et huit médecines, et un, deux, trois, quatre, cinq, six, sept, huit,
55 neuf, dix, onze et douze lavements ; et l'autre mois, il y avait douze médecines et vingt lavements. Je ne m'étonne pas si je ne me porte pas si bien ce mois-ci que l'autre. Je le dirai à monsieur Purgon, afin qu'il mette ordre à cela. Allons, qu'on m'ôte tout ceci. Il n'y a personne ? J'ai beau dire, on
60 me laisse toujours seul ; il n'y a pas moyen de les arrêter[7] ici. *(Il agite une sonnette pour faire venir ses gens.)* Ils n'entendent point, et ma sonnette ne fait pas assez de bruit. Drelin, drelin, drelin, point d'affaire. Drelin, drelin, drelin, ils sont sourds... Toinette ! drelin, drelin, drelin. Tout
65 comme si je ne sonnais point. Chienne ! coquine ![8] Drelin, drelin, drelin, j'enrage. *(Il ne sonne plus, mais il crie.)* Drelin, drelin, drelin. Carogne•, à tous les diables[9]. Est-il possible qu'on laisse comme cela un pauvre malade tout seul ! Drelin, drelin, drelin : voilà qui est pitoyable[10] ! Drelin,
70 drelin, drelin. Ah ! mon Dieu, ils me laisseront ici mourir. Drelin, drelin, drelin.

---

1. *cordiale* : qui fait du bien.
2. *préservative* : qui prévient la maladie.
3. *grain* : 0,05 gramme ; douze grains font donc environ 0,6 gramme.
4. *bézoard* : calculs rénaux des animaux. On pensait qu'il s'agissait d'un contre-poison.
5. *limon* : citron.
6. *grenade* : fruit du grenadier, renfermant de nombreuses graines.
7. *arrêter* : retenir.
8. *chienne, coquine* : injures tout à fait grossières.
9. *à tous les diables* : Argan maudit sa servante, en l'envoyant à tous les diables.
10. *pitoyable* : qui inspire la pitié.

Questions

Compréhension

1. *Peut-on dire que cette scène soit une scène d'exposition ? Pourquoi ?*

2. *De quels personnages Argan parle-t-il ? Pourquoi ? À quoi leurs noms font-ils allusion ?*

3. *Qu'est ce que cette scène nous révèle du caractère, de la position sociale et financière, et des préoccupations d'Argan ? Justifiez votre réponse.*

4. *Pourquoi peut-on dire que la pièce commence au milieu d'une scène ? Quel intérêt cela présente-t-il ?*

Écriture

5. *Faites la liste des divers remèdes qui ont été pris par Argan. À quel type de remède va sa préférence ?*

6. *Établissez la facture proposée par l'apothicaire et refaite par Argan. À quelle somme approximativement s'élève-t-elle en francs actuels ? Reportez-vous pour cela à la note 8 p. 21.*

7. *Cette scène est-elle comique ? en quoi ?*

Mise en scène

8. *Comment s'appelle une scène dans laquelle un seul personnage parle ? Pourquoi est-ce difficile à représenter ?*

9. *D'après cette scène, Argan vous semble-t-il vraiment malade ? Justifiez votre réponse et déduisez-en le physique de l'acteur qui, selon vous, correspondrait le mieux à Argan.*

10. *Dessinez le décor et le costume d'Argan.*

SCÈNE 2. TOINETTE, ARGAN

TOINETTE, *en entrant dans la chambre.* On y va.

ARGAN. Ah ! chienne ! ah ! carogne• !

TOINETTE, *faisant semblant de s'être cogné la tête.* Diantre[1] soit fait de votre impatience ! Vous pressez[2] si fort les
5 personnes que je me suis donné un grand coup de la tête contre la carne[3] d'un volet.

ARGAN, *en colère.* Ah ! traîtresse...

TOINETTE, *pour l'interrompre et l'empêcher de crier, se plaint toujours, en disant.* Ah !

10 ARGAN. Il y a...

TOINETTE. Ah !

ARGAN. Il y a une heure...

TOINETTE. Ah !

ARGAN. Tu m'as laissé...

15 TOINETTE. Ah !

ARGAN. Tais-toi donc, coquine, que je te querelle.

TOINETTE. Çamon[4], ma foi, j'en suis d'avis[5], après ce que je me suis fait.

ARGAN. Tu m'as fait égosiller[6], carogne !

20 TOINETTE. Et vous m'avez fait, vous, casser la tête ; l'un vaut bien l'autre. Quitte à quitte[7], si vous voulez.

ARGAN. Quoi ! coquine...

TOINETTE. Si vous querellez, je pleurerai.

ARGAN. Me laisser, traîtresse...

---

1. *diantre* : juron (*diable*).
2. *presser* : obliger à se dépêcher.
3. *carne* : angle.
4. *çamon* : ah oui !
5. *j'en suis d'avis* : je suis d'accord.
6. *égosiller* : se faire mal à la gorge à force de cris (on dirait aujourd'hui : *m'égosiller*).
7. *quitte à quitte* : nous sommes quittes.

25 TOINETTE, *toujours pour l'interrompre.* Ah !

ARGAN. Chienne ! tu veux...

TOINETTE. Ah !

ARGAN. Quoi ! il faudra encore que je n'aie pas le plaisir de la quereller ?

30 TOINETTE. Querellez tout votre soûl[1] : je le veux bien.

ARGAN. Tu m'en empêches, chienne, en m'interrompant à tous coups.

TOINETTE. Si vous avez le plaisir de quereller, il faut bien que de mon côté j'aie le plaisir de pleurer : chacun le sien,
35 ce n'est pas trop. Ah !

ARGAN. Allons, il faut en passer par là. Ôte-moi ceci, coquine, ôte-moi ceci. *(Argan se lève de sa chaise.)* Mon lavement d'aujourd'hui a-t-il bien opéré ?

TOINETTE. Votre lavement ?

40 ARGAN. Oui. Ai-je bien fait de la bile ?

TOINETTE. Ma foi, je ne me mêle point de ces affaires-là ; c'est à monsieur Fleurant à y mettre le nez, puisqu'il en a le profit.

ARGAN. Qu'on ait soin de me tenir un bouillon prêt pour
45 l'autre que je dois tantôt[2] prendre.

TOINETTE. Ce monsieur Fleurant-là et ce monsieur Purgon s'égayent bien sur[3] votre corps ; ils ont en vous une bonne vache à lait, et je voudrais bien leur demander quel mal vous avez, pour vous faire tant de remèdes.

50 ARGAN. Taisez-vous, ignorante ; ce n'est pas à vous à contrôler les ordonnances de la médecine. Qu'on me fasse venir ma fille Angélique, j'ai à lui dire quelque chose.

TOINETTE. La voici qui vient d'elle-même ; elle a deviné votre pensée.

---

1. *tout votre soûl* : autant que vous le voulez.
2. *tantôt* : bientôt.
3. *s'égayent sur* : s'amuser aux dépens de.

Questions

Compréhension

1. *Quel nouveau personnage apparaît ici ? Comment son entrée est-elle préparée ? À quel(s) autre(s) personnage(s) de comédie vous fait-il penser ? Pourquoi ?*

2. *La scène se fait en deux temps. Pouvez-vous les indiquer ? Qu'est-ce qui caractérise le premier temps ? Qu'essaie de faire Toinette dans le deuxième temps ?*

Écriture

3. *Expliquez la réplique de Toinette :* « c'est à monsieur Fleurant à y mettre le nez, puisqu'il en a le profit. »

4. *Examinez la ponctuation dans la première partie de la scène. Que pouvez-vous en déduire ?*

Mise en scène

5. Le Malade imaginaire *est une comédie-ballet. Cette seconde scène pourrait sans doute être dansée et chantée. Pourquoi ? Quel intérêt cela présenterait-il ?*

SCÈNE 3. ANGÉLIQUE, TOINETTE, ARGAN

ARGAN. Approchez, Angélique, vous venez à propos ; je voulais vous parler.

ANGÉLIQUE. Me voilà prête à vous ouïr.

ARGAN, *courant au bassin*[1]. Attendez. Donnez-moi mon
5 bâton. Je vais revenir tout à l'heure•.

TOINETTE, *en le raillant.* Allez vite, monsieur, allez ; monsieur Fleurant nous donne des affaires[2].

SCÈNE 4. ANGÉLIQUE, TOINETTE

ANGÉLIQUE, *la regardant d'un œil languissant*[3], *lui dit confidemment*[4]. Toinette !

TOINETTE. Quoi ?

ANGÉLIQUE. Regarde-moi un peu.

5 TOINETTE. Hé bien ! Je vous regarde.

ANGÉLIQUE. Toinette !

TOINETTE. Hé bien, quoi, « Toinette » ?...

ANGÉLIQUE. Ne devines-tu point de quoi je veux parler ?

TOINETTE. Je m'en doute assez : de notre jeune amant•,
10 car c'est sur lui depuis six jours que roulent tous nos entretiens[5], et vous n'êtes point bien si vous n'en parlez à toute heure.

ANGÉLIQUE. Puisque tu connais cela, que[6] n'es-tu donc la première à m'en entretenir, et que ne m'épargnes-tu la
15 peine de te jeter sur ce discours[7] ?

---

1. *bassin* : chaise percée.
2. *nous donne des affaires* : il s'agit ici d'un jeu de mots drôle de la part de Toinette, puisque la chaise percée s'appelait aussi *chaise d'affaires*.
3. *d'un œil languissant* : mélancoliquement amoureux.
4. *confidemment* : sur le ton de la confidence.
5. *c'est sur lui que roulent tous nos entretiens* : il est le sujet de toutes nos conversations.
6. *que* : pourquoi.
7. *de te jeter sur ce discours* : de t'amener à parler de ce sujet.

TOINETTE. Vous ne m'en donnez pas le temps, et vous avez des soins là-dessus qu'il est difficile de prévenir[1].

ANGÉLIQUE. Je t'avoue que je ne saurais me lasser de te parler de lui, et que mon cœur profite avec chaleur[2] de tous
20 les moments de[3] s'ouvrir à toi. Mais dis-moi, condamnes-tu, Toinette, les sentiments que j'ai pour lui ?

TOINETTE. Je n'ai garde[4].

ANGÉLIQUE. Ai-je tort de m'abandonner à ces douces impressions ?

25 TOINETTE. Je ne dis pas cela.

ANGÉLIQUE. Et voudrais-tu que je fusse insensible aux tendres protestations de cette passion ardente qu'il témoigne pour moi ?

TOINETTE, À Dieu ne plaise[5] !

30 ANGÉLIQUE. Dis-moi un peu, ne trouves-tu pas, comme moi, quelque chose du Ciel, quelque effet du destin, dans l'aventure inopinée[6] de notre connaissance[7] ?

TOINETTE. Oui.

ANGÉLIQUE. Ne trouves-tu pas que cette action d'embras-
35 ser[8] ma défense sans me connaître est tout à fait d'un honnête homme• ?

TOINETTE. Oui.

ANGÉLIQUE. Que l'on ne peut en user• plus généreusement• ?

40 TOINETTE. D'accord.

ANGÉLIQUE. Et qu'il fit tout cela de la meilleure grâce du monde ?

---

1. *prévenir* : devancer.
2. *chaleur* : empressement.
3. *de* : pour.
4. *je n'ai garde* : je m'en garde bien.
5. *à Dieu ne plaise* : exclamation qui équivaut à : *bien sûr que non !*
6. *inopinée* : inattendue, imprévue.
7. *connaissance* : rencontre.
8. *embrasser* : prendre.

TOINETTE. Oh ! oui.

ANGÉLIQUE. Ne trouves-tu pas, Toinette, qu'il est bien fait
45 de sa personne ?

TOINETTE. Assurément.

ANGÉLIQUE. Qu'il a l'air[1] le meilleur du monde ?

TOINETTE. Sans doute.

ANGÉLIQUE. Que ses discours, comme ses actions, ont
50 quelque chose de noble ?

TOINETTE. Cela est sûr.

ANGÉLIQUE. Qu'on ne peut rien entendre de plus passionné que tout ce qu'il me dit ?

TOINETTE. Il est vrai.

55 ANGÉLIQUE. Et qu'il n'est rien de plus fâcheux[2] que la contrainte où l'on me tient, qui bouche[3] tout commerce[4] aux doux empressements[5] de cette mutuelle ardeur que le Ciel nous inspire ?

TOINETTE. Vous avez raison.

60 ANGÉLIQUE. Mais, ma pauvre Toinette, crois-tu qu'il m'aime autant qu'il me le dit ?

TOINETTE. Hé ! hé ! ces choses-là parfois sont un peu sujettes à caution. Les grimaces d'amour ressemblent fort à la vérité, et j'ai vu de grands comédiens là-dessus.

65 ANGÉLIQUE. Ah ! Toinette, que dis-tu là ? Hélas ! de la façon qu'il parle[6], serait-il bien possible qu'il ne me dît pas vrai ?

TOINETTE. En tout cas, vous en serez bientôt éclaircie, et la résolution où il vous écrivit hier qu'il était de vous faire
70 demander en mariage[7] est une prompte[8] voie à vous faire

1. *l'air* : l'apparence.
2. *fâcheux* : cruel.
3. *bouche* : empêche.
4. *commerce* : fréquentation.
5. *empressements* : témoignages d'amour.
6. *(de la façon) qu'il parle* : dont il parle.
7. *la résolution où il vous écrivit hier qu'il était de vous faire demander en mariage* : la décision dont il vous a informée par écrit hier de vous demander en mariage.
8. *prompte* : rapide.

connaître[1] s'il vous dit vrai ou non. C'en sera là la bonne preuve.

ANGÉLIQUE. Ah ! Toinette, si celui-là me trompe[2], je ne croirai de ma vie aucun homme.

75 TOINETTE. Voilà votre père qui revient.

SCÈNE 5. ARGAN, ANGÉLIQUE, TOINETTE

ARGAN, *se met dans sa chaise.* Ô çà, ma fille, je vais vous dire une nouvelle où[3] peut-être ne vous attendez-vous pas : on vous demande en mariage. Qu'est-ce que cela ? Vous riez ? Cela est plaisant, oui, ce mot de mariage. Il n'y a rien
5 de plus drôle pour les jeunes filles. Ah ! nature, nature ! À ce que je puis voir, ma fille, je n'ai que faire de vous demander si vous voulez bien vous marier.

ANGÉLIQUE. Je dois faire, mon père, tout ce qu'il vous plaira de m'ordonner.

10 ARGAN. Je suis bien aise d'avoir une fille si obéissante : la chose est donc conclue, et je vous ai promise[4].

ANGÉLIQUE. C'est à moi, mon père, de suivre aveuglément toutes vos volontés.

ARGAN. Ma femme, votre belle-mère, avait envie que je
15 vous fisse religieuse, et votre petite sœur Louison aussi ; et de tout temps elle a été aheurtée[5] à cela.

TOINETTE, *tout bas.* La bonne bête a ses raisons.

ARGAN. Elle ne voulait point consentir à ce mariage ; mais je l'ai emporté et ma parole est donnée.

20 ANGÉLIQUE. Ah ! mon père, que je vous suis obligée de[6] toutes vos bontés !

---

1. *connaître* : savoir.
2. *me trompe* : me ment.
3. *où* : à laquelle.
4. *je vous ai promise* : j'ai fait la promesse de vous donner en mariage.
5. *elle a été aheurtée* : elle s'est obstinée. Béline a toujours souhaité voir ses belles filles devenir religieuses.
6. *je vous suis obligée de* : je vous suis reconnaissante pour.

TOINETTE. En vérité, je vous sais bon gré de cela[1], et voilà l'action la plus sage que vous ayez faite de votre vie.

ARGAN. Je n'ai point encore vu la personne ; mais on m'a
25 dit que je serais content, et toi aussi.

ANGÉLIQUE. Assurément, mon père.

ARGAN. Comment ! l'as-tu vu ?

ANGÉLIQUE. Puisque votre consentement m'autorise à vous ouvrir mon cœur, je ne feindrai point de[2] vous dire
30 que le hasard nous a fait connaître[3], il y a six jours, et que la demande qu'on vous a faite est un effet de l'inclination• que, dès cette première vue, nous avons prise l'un pour l'autre.

ARGAN. Ils ne m'ont pas dit cela, mais j'en suis bien aise et c'est tant mieux que les choses soient de la sorte. Ils disent
35 que c'est un grand jeune garçon bien fait.

ANGÉLIQUE. Oui, mon père.

ARGAN. De belle taille.

ANGÉLIQUE. Sans doute.

ARGAN. Agréable de sa personne.

40 ANGÉLIQUE. Assurément.

ARGAN. De bonne physionomie[4].

ANGÉLIQUE. Très bonne.

ARGAN. Sage et bien né.

ANGÉLIQUE. Tout à fait.

45 ARGAN. Fort honnête•.

ANGÉLIQUE. Le plus honnête du monde.

ARGAN. Qui parle bien latin et grec.

ANGÉLIQUE. C'est ce que je ne sais pas.

ARGAN. Et qui sera reçu médecin dans trois jours.

---

1. *je vous sais bon gré de cela* : je me réjouis et vous remercie de cette action.
2. *je ne feindrai point de* : je n'hésiterai pas à.
3. *nous a fait connaître* : nous a fait nous rencontrer.
4. *physionomie* : visage.

50 ANGÉLIQUE. Lui, mon père ?

ARGAN. Oui. Est-ce qu'il ne te l'a pas dit ?

ANGÉLIQUE. Non, vraiment. Qui vous l'a dit, à vous ?

ARGAN. Monsieur Purgon.

ANGÉLIQUE. Est-ce que monsieur Purgon le connaît ?

55 ARGAN. La belle demande ! Il faut bien qu'il le connaisse, puisque c'est son neveu.

ANGÉLIQUE. Cléante, neveu de monsieur Purgon ?

ARGAN. Quel Cléante ? Nous parlons de celui pour qui l'on t'a demandée en mariage.

60 ANGÉLIQUE. Hé ! Oui.

ARGAN. Hé bien ! c'est le neveu de M. Purgon, qui est le fils de son beau-frère le médecin, monsieur Diafoirus ; et ce fils s'appelle Thomas Diafoirus, et non pas Cléante ; et nous avons conclu ce mariage-là ce matin, monsieur Purgon,
65 monsieur Fleurant et moi, et demain ce gendre prétendu[1] doit m'être amené par son père. Qu'est-ce ? Vous voilà toute[2] ébaubie[3] !

ANGÉLIQUE. C'est, mon père, que je connais que[4] vous avez parlé d'une personne, et que j'ai entendu[5] une autre.

70 TOINETTE. Quoi, monsieur ! vous auriez fait ce dessein• burlesque[6] ? et, avec tout le bien que vous avez, vous voudriez marier votre fille avec un médecin ?

ARGAN. Oui. De quoi te mêles-tu, coquine, impudente que tu es ?

75 TOINETTE. Mon Dieu ! tout doux : vous allez d'abord• aux invectives•. Est-ce que nous ne pouvons pas raisonner ensemble sans nous emporter ? Là, parlons de sang-froid. Quelle est votre raison, s'il vous plaît, pour un tel mariage ?

---

1. *gendre prétendu* : futur gendre.
2. *toute* : adjectif ; aujourd'hui, on écrirait *tout* (adverbe).
3. *(toute) ébaubie* : (toute) surprise (au point de bégayer).
4. *je connais que* : je m'aperçois que.
5. *j'ai entendu une autre* : j'ai cru qu'il s'agissait d'une autre personne.
6. *burlesque* : ridicule.

ARGAN. Ma raison est que, me voyant infirme et malade
80 comme je suis, je veux me faire un gendre et des alliés[1] médecins, afin de m'appuyer de[2] bons secours contre ma maladie, d'avoir dans ma famille les sources des remèdes qui me sont nécessaires et d'être à même des consultations[3] et des ordonnances.

85 TOINETTE. Hé bien, voilà dire une raison, et il y a plaisir à se répondre doucement les uns aux autres. Mais, monsieur, mettez la main à la conscience[4]. Est-ce que vous êtes malade ?

ARGAN. Comment, coquine, si je suis malade ? si je suis
90 malade, impudente !

TOINETTE. Hé bien, oui, monsieur, vous êtes malade : n'ayons point de querelle là-dessus. Oui, vous êtes fort malade ; j'en demeure d'accord, et plus malade que vous ne pensez : voilà qui est fait. Mais votre fille doit épouser un
95 mari pour elle, et, n'étant point malade[5], il n'est pas nécessaire de lui donner un médecin.

ARGAN. C'est pour moi que je lui donne ce médecin ; et une fille de bon naturel doit être ravie d'épouser ce qui est utile à la santé de son père.

100 TOINETTE. Ma foi, monsieur, voulez-vous qu'en amie je vous donne un conseil ?

ARGAN. Quel est-il, ce conseil ?

TOINETTE. De ne point songer à ce mariage-là.

ARGAN. Et la raison ?

105 TOINETTE. La raison, c'est que votre fille n'y consentira point.

ARGAN. Elle n'y consentira point ?

---

1. *alliés* : parents par alliance.
2. *m'appuyer de* : profiter de.
3. *être à même des consultations* : pouvoir avoir des consultations selon mes désirs.
4. *mettez la main à la conscience* : examinez votre conscience.
5. *n'étant point malade* : comme elle n'est pas malade.

TOINETTE. Non.

ARGAN. Ma fille ?

110 TOINETTE. Votre fille. Elle vous dira qu'elle n'a que faire de monsieur Diafoirus, ni de son fils Thomas Diafoirus, ni de tous les Diafoirus du monde.

ARGAN. J'en ai affaire[1], moi, outre que le parti est plus avantageux qu'on ne pense : monsieur Diafoirus n'a que ce
115 fils-là pour tout héritier ; et, de plus, monsieur Purgon, qui n'a ni femme ni enfants, lui donne tout son bien en faveur de ce mariage : et monsieur Purgon est un homme qui a huit mille bonnes livres de rente.

TOINETTE. Il faut qu'il ait tué bien des gens pour s'être fait
120 si riche.

ARGAN. Huit mille livres de rente sont quelque chose, sans compter le bien du père.

TOINETTE. Monsieur, tout cela est bel et bon ; mais j'en reviens toujours là. Je vous conseille entre nous de lui
125 choisir un autre mari, et elle n'est point faite pour être madame Diafoirus.

ARGAN. Et je veux, moi, que cela soit.

TOINETTE. Eh ! fi[2] ! ne dites pas cela.

ARGAN. Comment ! que je ne dise pas cela ?

130 TOINETTE. Hé ! non.

ARGAN. Et pourquoi ne le dirai-je pas ?

TOINETTE. On dira que vous ne songez• pas à ce que vous dites.

ARGAN. On dira ce qu'on voudra, mais je vous dis que je
135 veux qu'elle exécute la parole que j'ai donnée.

TOINETTE. Non, je suis sûre qu'elle ne le fera pas.

ARGAN. Je l'y forcerai bien.

TOINETTE. Elle ne le fera pas, vous dis-je.

---

1. *j'en ai affaire* : j'en ai besoin.
2. *fi !* : interjection qui exprime le reproche.

ARGAN. Elle le fera, ou je la mettrai dans un couvent.

140 TOINETTE. Vous ?

ARGAN. Moi.

TOINETTE. Bon[1] !

ARGAN. Comment, bon ?

TOINETTE. Vous ne la mettrez point dans un couvent.

145 ARGAN. Je ne la mettrai point dans un couvent ?

TOINETTE. Non.

ARGAN. Non ?

TOINETTE. Non.

ARGAN. Ouais[2] ! Voici qui est plaisant ! Je ne mettrai pas
150 ma fille dans un couvent, si je veux ?

TOINETTE. Non, vous dis-je.

ARGAN. Qui m'en empêchera ?

TOINETTE. Vous-même.

ARGAN. Moi ?

155 TOINETTE. Oui. Vous n'aurez pas ce cœur[3]-là.

ARGAN. Je l'aurai.

TOINETTE. Vous vous moquez.

ARGAN. Je ne me moque point.

TOINETTE. La tendresse paternelle vous prendra.

160 ARGAN. Elle ne me prendra point.

TOINETTE. Une petite larme ou deux, des bras jetés au cou, un « mon petit papa mignon » prononcé tendrement, sera assez pour vous toucher.

ARGAN. Tout cela ne fera rien.

1. *bon !* : Toinette montre par cette réplique qu'elle ne croit pas ce que dit Argan.
2. *ouais !* : cette interjection marque qu'Argan est surpris par les paroles de Toinette.
3. *cœur* : courage.

165 TOINETTE. Oui, oui.

ARGAN. Je vous dis que je n'en démordrai point.

TOINETTE. Bagatelles[1].

ARGAN. Il ne faut point dire : « bagatelles ».

TOINETTE. Mon Dieu, je vous connais, vous êtes bon
170 naturellement.

ARGAN, *avec emportement.* Je ne suis point bon, et je suis méchant quand je veux.

TOINETTE. Doucement, monsieur, vous ne songez• pas que vous êtes malade.

175 ARGAN. Je lui commande absolument de se préparer à prendre le mari que je dis.

TOINETTE. Et moi, je lui défends absolument d'en faire rien.

ARGAN. Où est-ce donc que nous sommes ? Et quelle
180 audace est-ce là à une coquine de servante de parler de la sorte devant son maître ?

TOINETTE. Quand un maître ne songe• pas à ce qu'il fait, une servante bien sensée est en droit de le redresser[2].

ARGAN *court après Toinette.* Ah ! insolente, il faut que je
185 t'assomme.

TOINETTE *se sauve de lui.* Il est de mon devoir de m'opposer aux choses qui vous peuvent déshonorer.

ARGAN, *en colère, court après elle autour de sa chaise, son bâton à la main.* Viens, viens, que je t'apprenne à parler.

190 TOINETTE, *courant et se sauvant du côté de la chaise où n'est pas Argan.* Je m'intéresse[3], comme je dois, à ne vous point laisser faire de folie.

ARGAN. Chienne !

1. *bagatelles* : objets sans importance ; telles sont, selon Toinette, les paroles d'Argan.
2. *redresser* : remettre dans le droit chemin.
3. *je m'intéresse* : je prends intérêt.

TOINETTE. Non, je ne consentirai jamais à ce mariage.

195 ARGAN. Pendarde[1] !

TOINETTE. Je ne veux point qu'elle épouse votre Thomas Diafoirus.

ARGAN. Carogne• !

TOINETTE. Et elle m'obéira plutôt qu'à vous.

200 ARGAN. Angélique, tu ne veux pas m'arrêter cette coquine-là ?

ANGÉLIQUE. Eh ! mon père, ne vous faites point malade[2].

ARGAN. Si tu ne me l'arrêtes, je te donnerai ma malédiction.

205 TOINETTE. Et moi, je la déshériterai si elle vous obéit.

ARGAN *se jette dans sa chaise, étant las de courir après elle.* Ah ! ah ! je n'en puis plus. Voilà pour me faire mourir[3].

Toinette et Argan (Michel Bouquet) dans une mise en scène de Pierre Boutron, Théâtre des Arts Hébertot, 1988.

1. *pendarde* : injure (*digne d'être pendue*).
2. *ne vous faites point malade* : ne vous rendez pas malade.
3. *voilà pour me faire mourir* : voilà de quoi me faire mourir.

Questions

Compréhension

1. *La scène 3 est une scène de transition comique. En quoi ? Quelle est par ailleurs son utilité ?*

2. *La scène 4 est-elle enfin une scène d'exposition ? Relevez avec précision ce que l'on y apprend.*

3. *Toinette et Angélique ont-elles la même opinion sur l'amour ? Relevez les répliques qui justifient votre réponse.*

4. *Qu'est-ce qu'un* quiproquo ? *En quoi y a-t-il* quiproquo *dans la scène 5 ? À quel moment est-il levé ?*

5. *Pourquoi Angélique se tait-elle après sa réplique :* « C'est, mon père, que je connais que vous avez parlé d'une personne, et que j'ai entendu une autre. » ? *Quand reprendra-t-elle la parole ? Qu'est-ce que cela nous révèle des sentiments d'Angélique pour son père ?*

6. *Sous quelles nouvelles facettes voit-on d'une part Argan, d'autre part Angélique ?*

Écriture

7. *Comparez la longueur des répliques d'Angélique et de Toinette dans la scène 4. Que pouvez-vous en déduire ?*

8. *Relevez point par point les arguments de Toinette contre le mariage prévu par Argan.*

9. *Écrivez la lettre qu'Angélique adresserait à sa tante pour l'informer de sa situation.*

Mise en scène

10. *Ces trois scènes ont des aspects comiques. Comment une mise en scène pourrait-elle les amplifier, ou, au contraire, les réduire pour faire ressortir le tragique de la situation d'Angélique ?*

SCÈNE 6. BÉLINE, ANGÉLIQUE, TOINETTE, ARGAN

ARGAN. Ah ! ma femme, approchez.

BÉLINE. Qu'avez-vous, mon pauvre mari ?

ARGAN. Venez-vous-en[1] ici à mon secours.

BÉLINE. Qu'est-ce que c'est donc qu'il y a, mon petit fils ?

5 ARGAN. Mamie[2].

BÉLINE. Mon ami.

ARGAN. On vient de me mettre en colère.

BÉLINE. Hélas ! pauvre petit mari ! Comment donc, mon ami ?

10 ARGAN. Votre coquine de Toinette est devenue plus insolente que jamais.

BÉLINE. Ne vous passionnez[3] donc point.

ARGAN. Elle m'a fait enrager, mamie.

BÉLINE. Doucement, mon fils.

15 ARGAN. Elle a contrecarré[4], une heure durant, les choses que je veux faire.

BÉLINE. Là, là, tout doux !

ARGAN. Et a eu l'effronterie de me dire que je ne suis point malade.

20 BÉLINE. C'est une impertinente.

ARGAN. Vous savez, mon cœur, ce qui en est.

BÉLINE. Oui, mon cœur, elle a tort.

ARGAN. M'amour[5], cette coquine-là me fera mourir.

BÉLINE. Hé, là ! hé, là !

25 ARGAN. Elle est cause de toute la bile• que je fais.

---

1. *venez-vous-en* : venez.
2. *mamie* : mon amie.
3. *ne vous passionnez donc point* : ne vous mettez donc pas en colère.
4. *elle a contrecarré* : elle s'est opposée à.
5. *m'amour* : mon amour.

BÉLINE. Ne vous fâchez point tant.

ARGAN. Et il y a je ne sais combien[1] que je vous dis de me la chasser.

BÉLINE. Mon Dieu, mon fils, il n'y a point de serviteurs et
30 de servantes qui n'aient leurs défauts. On est contraint parfois de souffrir leurs mauvaises qualités[2] à cause des bonnes. Celle-ci est adroite, soigneuse, diligente[3], et surtout fidèle• ; et vous savez qu'il faut maintenant de grandes précautions pour les gens que l'on prend. Holà ! Toinette !

35 TOINETTE. Madame.

BÉLINE. Pourquoi donc est-ce que vous mettez mon mari en colère ?

TOINETTE, *d'un ton doucereux*[4]. Moi, madame ? Hélas, je ne sais pas ce que vous voulez dire, et je ne songe qu'à
40 complaire à monsieur en toutes choses.

ARGAN. Ah ! la traîtresse !

TOINETTE. Il nous a dit qu'il voulait donner sa fille en mariage au fils de monsieur Diafoirus ; je lui ai répondu que je trouvais le parti avantageux pour elle, mais que je croyais
45 qu'il ferait mieux de la mettre dans un couvent.

BÉLINE. Il n'y a pas grand mal à cela, et je trouve qu'elle a raison.

ARGAN. Ah ! m'amour, vous la croyez ! C'est une scélérate, elle m'a dit cent insolences.

50 BÉLINE. Hé bien, je vous crois, mon ami. Là, remettez-vous. Écoutez, Toinette : si vous fâchez jamais[5] mon mari, je vous mettrai dehors. Çà, donnez-moi son manteau fourré et des oreillers, que je l'accommode[6] dans sa chaise. Vous voilà je ne sais comment. Enfoncez bien votre bonnet

---

1. *combien* : combien de temps.
2. *mauvaises qualités* : défauts.
3. *diligente* : rapide, efficace.
4. *doucereux* : faussement doux.
5. *jamais* : employé sans négation : *encore*.
6. *je l'accommode* : je l'arrange.

jusque sur vos oreilles ; il n'y a rien qui enrhume tant que de prendre l'air par les oreilles.

ARGAN. Ah ! mamie, que je vous suis obligé de tous les soins que vous prenez de moi !

BÉLINE, *accommodant les oreillers qu'elle met autour d'Argan.* Levez-vous, que je mette ceci sous vous. Mettons celui-ci pour vous appuyer, et celui-là de l'autre côté. Mettons celui-ci derrière votre dos, et cet autre-là pour soutenir votre tête.

TOINETTE, *lui mettant rudement un oreiller sur la tête, et puis fuyant.* Et celui-ci pour vous garder du serein[1].

ARGAN *se lève en colère et jette tous les oreillers à Toinette.* Ah ! coquine, tu veux m'étouffer.

BÉLINE. Hé, là ! hé, là ! Qu'est-ce que c'est donc ?

ARGAN, *tout essoufflé, se jette dans sa chaise.* Ah ! ah ! ah ! je n'en puis plus.

BÉLINE. Pourquoi vous emporter ainsi ? Elle a cru faire bien.

ARGAN. Vous ne connaissez pas, m'amour, la malice[2] de la pendarde•. Ah ! elle m'a mis tout hors de moi ; et il faudra plus de huit médecines et douze lavements pour réparer tout ceci.

BÉLINE. Là, là, mon petit ami, apaisez-vous un peu.

ARGAN. Mamie, vous êtes toute ma consolation.

BÉLINE. Pauvre petit fils !

ARGAN. Pour tâcher de reconnaître l'amour que vous me portez, je veux, mon cœur, comme je vous ai dit, faire mon testament.

BÉLINE. Ah ! mon ami, ne parlons point de cela, je vous prie ; je ne saurais souffrir• cette pensée, et le seul mot de testament me fait tressaillir de douleur.

---

1. *serein* : humidité du soir.
2. *malice* : méchanceté.

ARGAN. Je vous avais dit de parler pour cela à votre notaire.

BÉLINE. Le voilà là-dedans[1] que j'ai amené avec moi.

ARGAN. Faites-le donc entrer, m'amour.

90 BÉLINE. Hélas ! mon ami, quand on aime bien un mari, on n'est guère en état de songer• à tout cela.

SCÈNE 7. LE NOTAIRE, BÉLINE, ARGAN

ARGAN. Approchez, monsieur de Bonnefoi, approchez. Prenez un siège, s'il vous plaît. Ma femme m'a dit, monsieur, que vous étiez fort honnête homme•, et tout à fait de ses amis : et je l'ai chargée de vous parler pour[2] un
5 testament que je veux faire.

BÉLINE. Hélas ! je ne suis point capable de parler de ces choses-là.

LE NOTAIRE. Elle m'a, monsieur, expliqué vos intentions et le dessein• où vous êtes pour elle[3], et j'ai à vous dire
10 là-dessus que vous ne sauriez rien donner à votre femme par votre testament.

ARGAN. Mais pourquoi ?

LE NOTAIRE. La coutume[4] y résiste. Si vous étiez en pays de droit écrit, cela se pourrait faire ; mais à Paris et dans les
15 pays coutumiers, au moins dans la plupart, c'est ce qui ne se peut, et la disposition[5] serait nulle. Tout l'avantage qu'homme et femme conjoints par mariage se peuvent faire l'un à l'autre, c'est un don mutuel entre vifs[6] ; encore faut-il

---

1. *là-dedans* : ici, dans la pièce voisine.
2. *pour* : au sujet de.
3. *où vous êtes pour elle* : que vous avez conçu en sa faveur.
4. *coutume* : terme juridique. Le Nord de la France, pays coutumier, était régi par des traditions orales : la coutume. Le Sud, lui, était régi par le droit romain, ou droit écrit.
5. *disposition* : le fait de disposer de son bien.
6. *entre vifs* : entre personnes vivantes.

qu'il n'y ait enfants, soit des deux conjoints, ou de l'un
20 d'eux, lors du décès du premier mourant.

ARGAN. Voilà une coutume bien impertinente•, qu'un mari ne puisse rien laisser à une femme dont il est aimé tendrement et qui prend de lui tant de soin ! J'aurais envie de consulter mon avocat pour voir comment je pourrais
25 faire.

LE NOTAIRE. Ce n'est point à des avocats qu'il faut aller, car ils sont d'ordinaire sévères là-dessus et s'imaginent que c'est un grand crime que de disposer en fraude de la loi. Ce sont gens de difficultés[1], et qui sont ignorants des détours
30 de la conscience[2]. Il y a d'autres personnes à consulter qui sont bien plus accommodantes[3], qui ont des expédients[4] pour passer doucement par-dessus la loi et rendre juste ce qui n'est pas permis, qui savent aplanir les difficultés d'une affaire et trouver les moyens d'éluder[5] la coutume par
35 quelque avantage indirect. Sans cela, où en serions-nous tous les jours ? Il faut de la facilité dans les choses ; autrement nous ne ferions rien, et je ne donnerais pas un sou de notre métier.

ARGAN. Ma femme m'avait bien dit, monsieur, que vous
40 étiez fort habile et fort honnête homme•. Comment puis-je faire, s'il vous plaît, pour lui donner mon bien et en frustrer[6] mes enfants ?

LE NOTAIRE. Comment vous pouvez faire ? Vous pouvez choisir doucement[7] un ami intime de votre femme, auquel
45 vous donnerez en bonne forme[8] par votre testament tout ce que vous pouvez ; et cet ami ensuite lui rendra tout. Vous pouvez encore contracter un grand nombre d'obligations[9]

---

1. *gens de difficultés* : personnes qui font des difficultés.
2. *détours de la conscience* : moyens d'apparence légaux, pour détourner la loi.
3. *accommodantes* : qui ne s'embarrassent pas de ces problèmes.
4. *expédients* : moyens.
5. *éluder la coutume* : éviter la loi coutumière.
6. *frustrer* : priver de ce qui est dû.
7. *doucement* : secrètement, sans le faire savoir.
8. *en bonne forme* : conformément à la loi.
9. *obligations* : document par lequel on reconnaît devoir de l'argent.

non suspectes au profit de divers créanciers[1], qui prêteront leur nom à votre femme, et entre les mains de laquelle ils
50 mettront leur déclaration que ce qu'ils en ont fait n'a été que pour lui faire plaisir. Vous pouvez aussi, pendant que vous êtes en vie, mettre entre ses mains de l'argent comptant, ou des billets que vous pourrez avoir payables au porteur•.

BÉLINE. Mon Dieu ! Il ne faut point vous tourmenter de
55 tout cela. S'il vient faute de vous[2], mon fils, je ne veux plus rester au monde.

ARGAN. Mamie !

BÉLINE. Oui, mon ami, si je suis assez malheureuse pour vous perdre...

60 ARGAN. Ma chère femme !

BÉLINE. La vie ne me sera plus de rien.

ARGAN. M'amour !

BÉLINE. Et je suivrai vos pas pour vous faire connaître la tendresse que j'ai pour vous.

65 ARGAN. Mamie, vous me fendez le cœur. Consolez-vous, je vous en prie.

LE NOTAIRE. Ces larmes sont hors de saison[3], et les choses n'en sont point encore là.

BÉLINE. Ah ! monsieur, vous ne savez pas ce que c'est
70 qu'un mari qu'on aime tendrement.

ARGAN. Tout le regret que j'aurai, si je meurs, mamie, c'est de n'avoir point un enfant de vous. Monsieur Purgon m'avait dit qu'il m'en ferait faire un.

LE NOTAIRE. Cela pourra venir encore.

75 ARGAN. Il faut faire mon testament, m'amour, de la façon que monsieur dit ; mais par précaution je veux vous mettre entre les mains vingt mille francs en or, que j'ai dans le lambris[4] de mon alcôve[5], et deux billets payables au

1. *créanciers* : personnes à qui l'on doit de l'argent.
2. *s'il vient faute de vous* : si vous venez à mourir.
3. *hors de saison* : hors de propos.
4. *lambris* : revêtement de bois sur les murs.
5. *alcôve* : renfoncement dans lequel était placé le lit.

porteur•, qui me sont dus, l'un par monsieur Damon, et
80 l'autre par monsieur Géronte.

BÉLINE. Non, non, je ne veux point de tout cela. Ah ! combien dites-vous qu'il y a dans votre alcôve ?

ARGAN. Vingt mille francs, m'amour.

BÉLINE. Ne me parlez point de bien, je vous prie. Ah ! de
85 combien sont les deux billets ?

ARGAN. Ils sont, ma mie, l'un de quatre mille francs, et l'autre de six.

BÉLINE. Tous les biens du monde, mon ami, ne me sont rien au prix de vous.

90 LE NOTAIRE. Voulez-vous que nous procédions au testament ?

ARGAN. Oui, monsieur, mais nous serons mieux dans mon petit cabinet[1]. M'amour, conduisez-moi, je vous prie.

BÉLINE. Allons, mon pauvre petit fils.

SCÈNE 8. ANGÉLIQUE, TOINETTE

TOINETTE. Les voilà avec un notaire, et j'ai ouï[2] parler de testament. Votre belle-mère ne s'endort point[3], et c'est sans doute quelque conspiration contre vos intérêts où[4] elle pousse votre père.

5 ANGÉLIQUE. Qu'il dispose de son bien à sa fantaisie[5], pourvu qu'il ne dispose point de mon cœur. Tu vois, Toinette, les desseins• violents que l'on fait sur lui. Ne m'abandonne point, je te prie, dans l'extrémité[6] où je suis.

1. *cabinet* : petite pièce de travail.
2. *ouï* : entendu.
3. *ne s'endort point* : ne perd pas son temps.
4. *où* : à laquelle.
5. *à sa fantaisie* : comme il lui plaît.
6. *extrémité* : malheur.

TOINETTE. Moi, vous abandonner ? J'aimerais mieux
10 mourir. Votre belle-mère a beau me faire sa confidente et me vouloir jeter dans ses intérêts, je n'ai jamais pu avoir d'inclination pour elle, et j'ai toujours été de votre parti. Laissez-moi faire, j'emploierai toute chose pour vous servir ; mais, pour vous servir avec plus d'effet, je veux changer de
15 batterie[1], couvrir[2] le zèle que j'ai pour vous, et feindre• d'entrer dans les sentiments de votre père et de votre belle-mère.

ANGÉLIQUE. Tâche, je t'en conjure, de faire donner avis[3] à Cléante du mariage qu'on a conclu.

20 TOINETTE. Je n'ai personne à employer à cet office que le vieux usurier[4] Polichinelle[5], mon amant•, et il m'en coûtera pour cela quelques paroles de douceur, que je veux bien dépenser pour vous. Pour aujourd'hui, il est trop tard ; mais demain, de grand matin, je l'enverrai quérir[6], et il sera ravi
25 de...

BÉLINE. Toinette !

TOINETTE. Voilà qu'on m'appelle. Bonsoir. Reposez-vous sur moi.

(Le théâtre change et représente une ville.)

---

1. *changer de batterie* : utiliser d'autres méthodes.
2. *couvrir* : cacher.
3. *de faire donner avis* : prévenir, faire avertir.
4. *usurier* : celui qui prête de l'argent à usure, c'est-à-dire en prenant des intérêts excessifs (à un taux supérieur de plus de moitié au taux moyen pratiqué sur le marché).
5. *Polichinelle* : personnage de la comédie italienne.
6. *quérir* : chercher.

Questions

Compréhension

1. *Quel nouveau personnage apparaît dans la scène 6 ? Quand nous en a-t-on déjà parlé ? Citez les répliques.*

2. *Pourquoi Argan change-t-il de ton dès qu'il voit ce nouveau personnage ?*

3. *Citez la réplique dans laquelle Toinette ment. Pourquoi agit-elle ainsi ?*

4. *Le notaire est-il un honnête homme ? Montrez-le.*

5. *Dans quelle réplique Toinette explique-t-elle à Angélique le double personnage qu'elle joue ?*

Écriture

6. *Qu'a de comique la réplique de Béline :* « Le voilà là-dedans que j'ai amené avec moi. » ? *Qu'est-ce qu'elle nous révèle du personnage ? Pouvions-nous déjà nous en être aperçus ? Où et en quoi ? Ce procédé est repris dans la scène 7 : dans quelles répliques ?*

7. *Quelle réplique de la scène 8 annonce le premier intermède ?*

8. *Faites un plan précis d'un décor qui permette l'apparition des divers personnages.*

Mise en scène / Mise en images

9. *Le notaire est un personnage caricatural. Faites une série de portraits qui illustreraient plusieurs de ses répliques, ou bien grimez-vous ou grimez un de vos camarades, et prenez des photos du personnage obtenu pour illustrer les répliques du notaire.*

10. *Comment vous représentez-vous Béline d'après ces scènes ? Quel est son principal défaut ? Proposez pour elle un costume, une façon de marcher, des gestes.*

PREMIER INTERMÈDE

Polichinelle dans la nuit vient pour donner une sérénade[1] *à sa maîtresse*•. *Il est interrompu d'abord par des violons*[2], *contre lesquels il se met en colère, et ensuite par le guet*[3], *composé de musiciens et de danseurs.*

POLICHINELLE. Ô amour, amour, amour ! Pauvre Polichinelle, quelle diable de fantaisie t'es-tu allé mettre dans la cervelle ? À quoi t'amuses-tu[4], misérable insensé que tu es ? Tu quittes le soin de ton négoce[5], et tu laisses aller tes
5 affaires à l'abandon. Tu ne manges plus, tu ne bois presque plus, tu perds le repos de la nuit, et tout cela pour qui ? Pour une dragonne[6], franche dragonne ; une diablesse qui te rembarre[7] et se moque de tout ce que tu peux lui dire. Mais il n'y a point à raisonner là-dessus : tu le veux, amour ;
10 il faut être fou comme beaucoup d'autres. Cela n'est pas le mieux du monde à[8] un homme de mon âge ; mais qu'y faire ? On n'est pas sage quand on veut, et les vieilles cervelles se démontent comme les jeunes.
Je viens voir si je ne pourrai point adoucir ma tigresse par
15 une sérénade. Il n'y a rien parfois qui soit si touchant qu'un amant• qui vient chanter ses doléances[9] aux gonds et aux verrous de la porte de sa maîtresse. Voici de quoi accompagner ma voix. Ô nuit, ô chère nuit, porte mes plaintes amoureuses jusque dans le lit de mon inflexible[10].

(Il chante ces paroles.)

---

1. *sérénade* : concert offert à la femme aimée, la nuit, sous ses fenêtres.
2. *violons* : violonistes.
3. *guet* : troupe de surveillance nocturne des villes.
4. *à quoi t'amuses-tu ?* : à quoi perds-tu ton temps ?
5. *négoce* : commerce, travail.
6. *dragonne* : (féminin de *dragon*) mégère.
7. *rembarre* : repousse.
8. *à* : pour.
9. *doléances* : plaintes.
10. *inflexible* : qui ne se laisse ni fléchir ni attendrir.

	TEXTE	TRADUCTION
20	*Notte e di v'amo e v'adoro.*	Nuit et jour, je vous aime et [vous adore.
	Cerco un si per mio ristoro ;	Je cherche un oui pour mon [réconfort ;
	Ma se voi dite di no,	Mais si vous dites non,
	Bell' ingrata, io morirò.	Belle ingrate, je mourrai.
	Fra la speranza	À travers l'espérance
25	*S'afflige il cuore,*	S'afflige[1] le cœur,
	In lontananza	Car dans l'absence
	Consuma l'hore ;	Il consume[2] les heures ;
	Si dolce inganno	La si douce illusion
	Che mi figura	Qui me représente
30	*Breve l'affanno,*	La fin proche de mon tour- [ment
	Ahi ! troppo dura.	Hélas ! dure trop.
	Cosi per tropp' amar languisco [e muoro.	Aussi, pour trop aimer, je [languis[3] et je meurs.
	Notte e di v'amo e v'adoro.	Nuit et jour, je vous aime et [vous adore.
	Cerco un si per mio ristoro ;	Je cherche un oui pour mon [réconfort ;
35	*Ma se voi dite di no,*	Mais si vous dites non,
	Bell' ingrata, io morirò.	Belle ingrate, je mourrai.
	Se non dormite,	Si vous ne dormez pas,
	Almen pensate	Pensez au moins
	Alle ferite	Aux blessures
40	*Ch'al cuor mi fate ;*	Qu'au cœur vous me faites.
	Deh ! almen fingete	Ah ! feignez• au moins
	Per mio conforto,	Pour mon réconfort,
	Se m'uccidete,	Si vous me tuez,
	D'haver il torto :	D'en avoir remords :
45	*Vostra pietà mi scemerà [il martoro.*	Votre pitié me diminuera [mon martyre.

1. *s'afflige* : s'attriste.
2. *consume* : brûle.
3. *je languis* : je souffre.

	Notte e di v'amo e v'adoro.	Nuit et jour, je vous aime et [vous adore.
	Cerco un si per mio ristoro ;	Je cherche un oui pour mon [réconfort ;
	Ma se voi dite di no,	Mais si vous dites non,
	Bell' ingrata, io morirò.	Belle ingrate, je mourrai.

Une vieille se présente à la fenêtre, et répond au signor Polichinelle en se moquant de lui.

50	*Zerbinetti, ch' ogn' hor con [finti sguardi,*	Freluquets[1] qui à toute heure [avec des regards trompeurs,
	Mentiti desiri,	Désirs menteurs,
	Fallaci sospiri,	Soupirs fallacieux[2],
	Accenti bugiardi,	Accents perfides[3],
	Di fede vi pregiate,	Vous vantez de votre foi,
55	*Ah ! che non m'ingannate.*	Ah ! que vous ne m'abusez[4] pas.
	Che già so per prova,	Car déjà je sais par expérience
	Ch'in voi non si trova	Qu'en vous on ne trouve
	Constanza ne fede ;	Constance[5] ni foi ;
	Oh ! quanto è pazza colei che [vi crede !	Oh ! comme elle est folle celle [qui vous croit !
60	*Quei sguardi languidi*	Les regards languissants
	Non m'innamorano,	Ne me troublent plus,
	Quei sospir fervidi	Ces soupirs brûlants
	Più non m'infiammano ;	Ne m'enflamment plus ;
	Vel giuro a fè.	Je vous le jure sur ma foi.
65	*Zerbino mesero,*	Malheureux galant,
	Del vostro piangere	De toutes vos plaintes
	Il mio cor libero	Mon cœur libéré
	Vuol sempre ridere.	Veut toujours se rire.
	Credet' a me	Croyez-moi,
70	*Che già so per prova*	Déjà je sais par expérience
	Ch'in voi non si trova	Qu'en vous on ne trouve

1. *freluquet* : petit galant, jeune homme prétentieux.
2. *fallacieux* : trompeur.
3. *perfide* : traître.
4. *abuser* : tromper.
5. *constance* : fidélité.

Constanza ne fede ;	Constance ni foi ;
Oh ! quanto è pazza colei che [vi crede !	Oh ! comme elle est folle [celle qui vous croit !

(*Violons.*)

POLICHINELLE. Quelle impertinente harmonie vient inter-
75 rompre ici ma voix ?

(*Violons.*)

POLICHINELLE. Paix là ! taisez-vous, violons. Laissez-moi me plaindre à mon aise des cruautés de mon inexorable[1].

(*Violons.*)

POLICHINELLE. Taisez-vous, vous dis-je ! C'est moi qui veux chanter.

(*Violons.*)

80 POLICHINELLE. Paix donc !

(*Violons.*)

POLICHINELLE. Ouais !

(*Violons.*)

POLICHINELLE. Ahi !

(*Violons.*)

POLICHINELLE. Est-ce pour rire ?

(*Violons.*)

POLICHINELLE. Ah ! que de bruit !

(*Violons.*)

85 POLICHINELLE. Le diable vous emporte !

(*Violons.*)

POLICHINELLE. J'enrage !

(*Violons.*)

POLICHINELLE. Vous ne vous tairez pas ? Ah ! Dieu soit loué !

(*Violons.*)

POLICHINELLE. Encore ?

(*Violons.*)

90 POLICHINELLE. Peste des violons !

1. *inexorable* : qu'on ne peut fléchir (adjectif employé ici comme nom).

(*Violons.*)

POLICHINELLE. La sotte musique que voilà !

(*Violons.*)

POLICHINELLE, chantant pous se moquer des violons. *La, la, la, la, la, la.*

(*Violons.*)

POLICHINELLE. *La, la, la, la, la, la.*

(*Violons.*)

95 POLICHINELLE. *La, la, la, la, la, la.*

(*Violons.*)

POLICHINELLE. *La, la, la, la, la, la.*

(*Violons.*)

POLICHINELLE. *La, la, la, la, la, la.*

(*Violons.*)

POLICHINELLE, *avec un luth, dont il ne joue que des lèvres et de la langue, en disant* : plin, tan, plan, *etc.* Par ma foi, cela me
100 divertit. Poursuivez, messieurs les violons, vous me ferez plaisir. Allons donc, continuez, je vous en prie. Voilà le moyen de les faire taire. La musique est accoutumée à ne point faire ce qu'on veut. Oh ! sus, à nous ! Avant que de chanter, il faut que je prélude un peu et joue quelque pièce,
105 afin de mieux prendre mon ton. *Plan, plan, plan. Plin, plin, plin.* Voilà un temps fâcheux pour mettre un luth d'accord. *Plin, plin, plin. Plin, tan, plan. Plin, plin.* Les cordes ne tiennent point par ce temps-là. *Plin, plan.* J'entends du bruit. Mettons mon luth contre la porte.

110 ARCHERS, passant dans la rue, accourent au bruit qu'ils entendent et demandent en chantant. *Qui va là ? qui va là ?*

POLICHINELLE, *tout bas.* Qui diable est-ce là ? Est-ce que c'est la mode de parler en musique ?

ARCHERS. *Qui va là ? qui va là ? qui va là ?*

115 POLICHINELLE, *épouvanté.* Moi, moi, moi.

ARCHERS. *Qui va là ? qui va là ? vous dis-je.*

POLICHINELLE. Moi, moi, vous dis-je.

ARCHERS. *Et qui toi ? et qui toi ?*

POLICHINELLE. Moi, moi, moi, moi, moi, moi.

ARCHERS.

120 *Dis ton nom, dis ton nom, sans davantage attendre.*

POLICHINELLE, feignant• d'être bien hardi.

Mon nom est « Va te faire pendre ».

ARCHERS.

Ici, camarades, ici.
Saisissons l'insolent qui nous répond ainsi.

ENTRÉE DE BALLET

Tout le guet vient, qui cherche Polichinelle dans la nuit.

(*Violons et danseurs.*)

POLICHINELLE. Qui va là ?

(*Violons et danseurs.*)

POLICHINELLE. Qui sont les coquins que j'entends ?

(*Violons et danseurs.*)

POLICHINELLE. Euh !

(*Violons et danseurs.*)

POLICHINELLE. Holà ! mes laquais, mes gens.

(*Violons et danseurs.*)

5 POLICHINELLE. Par la mort !

(*Violons et danseurs.*)

POLICHINELLE. Par le sang !

(*Violons et danseurs.*)

POLICHINELLE. J'en jetterai par terre.

(*Violons et danseurs.*)

POLICHINELLE. Champagne, Poitevin, Picard, Basque, Breton[1] !

---

1. *Champagne, Poitevin, Picard, Basque, Breton* : Polichinelle appelle ses laquais imaginaires en les nommant du nom de leur province d'origine.

(Violons et danseurs.)

10 POLICHINELLE. Donnez-moi mon mousqueton[1].
(Violons et danseurs.)

POLICHINELLE *fait semblant de tirer un coup de pistolet.* Pouh !
(Ils tombent tous et s'enfuient.)

POLICHINELLE, *en se moquant.* Ah ! ah ! ah ! ah ! comme je leur ai donné l'épouvante. Voilà de sottes gens d'avoir peur
15 de moi qui ai peur des autres. Ma foi, il n'est que de jouer d'adresse en ce monde. Si je n'avais tranché du[2] grand seigneur et n'avais fait le brave, ils n'auraient pas manqué de me happer[3] ! Ah ! ah ! ah !
Les archers se rapprochent, et, ayant entendu ce qu'il disait, ils le saisissent au collet.

ARCHERS.
Nous le tenons ; à nous, camarades, à nous !
20 *Dépêchez, de la lumière.*

BALLET

Tout le guet vient avec des lanternes.

ARCHERS.
Ah ! traître ! Ah ! fripon ! c'est donc vous ?
Faquin, maraud, pendard, impudent, téméraire.
Insolent, effronté, coquin, filou, voleur !
Vous osez nous faire peur !

POLICHINELLE.
5 *Messieurs, c'est que j'étais ivre.*

ARCHERS.
Non, non, non, point de raison,
Il faut vous apprendre à vivre.
En prison, vite, en prison.

1. *mousqueton* : gros mousquet (sorte de fusil).
2. *trancher de* : se donner l'apparence de.
3. *happer* : arrêter.

POLICHINELLE. Messieurs, je ne suis point voleur.

10 ARCHERS. En prison.

POLICHINELLE. Je suis un bourgeois de la ville.

ARCHERS. En prison.

POLICHINELLE. Qu'ai-je fait ?

ARCHERS. En prison, vite, en prison.

15 POLICHINELLE. Messieurs, laissez-moi aller.

ARCHERS. Non.

POLICHINELLE. Je vous en prie.

ARCHERS. Non.

POLICHINELLE. Eh !

20 ARCHERS. Non

POLICHINELLE. De grâce !

ARCHERS. Non, non.

POLICHINELLE. Messieurs...

ARCHERS. Non, non, non.

25 POLICHINELLE. S'il vous plaît !

ARCHERS. Non, non.

POLICHINELLE. Par charité !

ARCHERS. Non, non.

POLICHINELLE. Au nom du Ciel !

30 ARCHERS. Non, non.

POLICHINELLE. Miséricorde !

ARCHERS.

Non, non, non, point de raison,
Il faut vous apprendre à vivre.
En prison, vite, en prison.

35 POLICHINELLE. Eh ! n'est-il rien, messieurs, qui soit capable d'attendrir vos âmes ?

ARCHERS.

Il est aisé de nous toucher,

Et nous sommes humains plus qu'on ne saurait croire.
Donnez-nous doucement six pistoles[1] *pour boire,*
40 *Nous allons vous lâcher.*

POLICHINELLE. Hélas ! messieurs, je vous assure que je n'ai pas un sol sur moi.

ARCHERS.
Au défaut de six pistoles,
Choisissez donc, sans façon,
45 *D'avoir trente croquignoles*[2]
Ou douze coups de bâton.

POLICHINELLE. Si c'est une nécessité, et qu'il faille en passer par là, je choisis les croquignoles.

ARCHERS.
Allons, préparez-vous,
50 *Et comptez bien les coups.*

BALLET

Les archers danseurs lui donnent des croquignoles en cadence.

POLICHINELLE. Un, et deux, trois et quatre, cinq et six, sept et huit, neuf et dix, onze et douze et treize et quatorze et quinze.

ARCHERS.
Ah ! ah ! vous en voulez passer ;
5 *Allons, c'est à recommencer.*

POLICHINELLE. Ah ! messieurs, ma pauvre tête n'en peut plus, et vous venez de me la rendre comme une pomme cuite. J'aime encore mieux les coups de bâton que de recommencer.

---

1. *pistole* : monnaie espagnole ou italienne : environ dix livres (soit un peu plus de vingt francs 1991).
2. *croquignoles* : coups sur la tête.

ARCHERS.
10 *Soit, puisque le bâton est pour vous plus charmant,*
Vous aurez contentement.

BALLET

Les archers danseurs lui donnent des coups de bâton en cadence.

POLICHINELLE. Un, deux, trois, quatre, cinq, six, ah ! ah ! ah ! je n'y saurais plus résister. Tenez, messieurs, voilà six pistoles que je vous donne.

ARCHERS.
Ah ! l'honnête homme ! ah ! l'âme noble et belle !
5 *Adieu, seigneur, adieu, seigneur Polichinelle.*

POLICHINELLE. Messieurs, je vous donne le bonsoir.

ARCHERS.
Adieu, seigneur, adieu, seigneur Polichinelle.

POLICHINELLE. Votre serviteur.

ARCHERS.
Adieu, seigneur, adieu, seigneur Polichinelle.

10 POLICHINELLE. Très humble valet.

ARCHERS.
Adieu, seigneur, adieu, seigneur Polichinelle.

POLICHINELLE. Jusqu'au revoir.

BALLET

Ils dansent tous en réjouissance de l'argent qu'ils ont reçu.

(Le théâtre change et représente une chambre.)

Questions

Compréhension

1. *Polichinelle a bien des ennuis dans cet intermède. Lesquels ?*

2. *En quoi sa situation rappelle-t-elle le premier acte de la pièce ?*

3. *À la fin de l'intermède, Molière utilise un comique de gestes. Lequel ? L'avons-nous déjà rencontré dans la pièce et, si oui, était-il abouti ? À quelle(s) autre(s) pièce(s) cela vous fait-il penser ?*

Écriture

4. *Pourquoi Molière utilise-t-il l'italien dans cet intermède ?*

5. *Quel est le thème principal de cet intermède ? En quoi cela annonce-t-il l'acte suivant ?*

Mise en scène

6. *Si vous aviez à représenter cet intermède, en le transposant au* XX*e* *siècle, quelle musique choisiriez-vous ?*

Bilan

L'action

• Ce que nous savons

Argan se croit malade et n'est préoccupé que de cette maladie, au point qu'il veut donner un médecin en mariage à sa fille Angélique. Or celle-ci est amoureuse de Cléante. Elle se réjouit d'abord qu'on la demande en mariage, puis comprend que le prétendant que son père lui destine n'est pas celui qu'elle aime. Toinette, la servante, tente de servir les intérêts d'Angélique, tout en ayant l'air d'être de l'avis de la seconde femme d'Argan, Béline, qui préférerait voir Angélique dans un couvent et fait faire à son époux, sous couvert de tendresses, des papiers devant un notaire véreux, afin d'hériter de toute la fortune d'Argan.

• À quoi nous attendre ?

Angélique va-t-elle échapper à ce mariage préparé par son père ? Comment Toinette va-t-elle l'aider ? Argan, aveuglé par l'amour qu'il porte à sa femme, va-t-il enfin comprendre les plans machiavéliques qu'elle complote ?

Les personnages

• Ce que nous savons

Argan se croit gravement malade et dépense beaucoup d'argent en médecines diverses — moins cependant que ne le souhaiterait son apothicaire ! Il est très amoureux de sa femme et croit être aimé d'elle.

Angélique est la fille aînée d'Argan. Elle aime son père et n'ose pas le contrarier, mais elle est très amoureuse de Cléante et ne sait comment échapper au mariage préparé par son père.

Toinette est la servante type des comédies de Molière, pleine d'humour et de ruse : elle est du côté des opprimés.

Béline est la seconde femme d'Argan. Elle est beaucoup plus jeune que lui. C'est une intrigante qui cherche à s'emparer de sa fortune. Pour cela, elle tente de se débarrasser d'Angélique, qu'elle veut faire entrer dans un couvent.

Le notaire, tout à la solde de Béline, ne semble guère honnête !

• À quoi nous attendre ?

Angélique va-t-elle oser s'opposer à son père ? Que peut inventer Béline pour qu'Angélique ne se marie pas ?

ACTE II

SCÈNE 1. TOINETTE, CLÉANTE

TOINETTE. Que demandez-vous, monsieur ?

CLÉANTE. Ce que je demande ?

TOINETTE. Ah ! ah ! c'est vous ? Quelle surprise ? Que venez-vous faire céans[1] ?

5 CLÉANTE. Savoir ma destinée, parler à l'aimable Angélique, consulter les sentiments de son cœur, et lui demander ses résolutions sur ce mariage fatal[2] dont on m'a averti.

TOINETTE. Oui ; mais on ne parle pas comme cela de but en blanc[3] à Angélique ; il y faut des mystères, et l'on vous a 10 dit l'étroite garde où elle est retenue, qu'on ne la laisse ni sortir ni parler à personne, et que ce ne fut que la curiosité[4] d'une vieille tante qui nous fit accorder la liberté d'aller à cette comédie qui donna lieu à la naissance de votre passion : et nous nous sommes bien gardées de parler de 15 cette aventure.

CLÉANTE. Aussi ne viens-je pas ici comme Cléante, et sous l'apparence de son amant•, mais comme ami de son maître de musique, dont j'ai obtenu le pouvoir de dire qu'il m'envoie à sa place.

20 TOINETTE. Voici son père. Retirez-vous[5] un peu, et me laissez lui dire que vous êtes là.

---

1. *céans* : ici, à la maison.
2. *fatal* : funeste ; Cléante oppose le mariage dû à des sentiments réels, qui pourrait avoir lieu entre Angélique et lui, à ce mariage qui semble voulu par le destin et qui contrarie les décisions humaines.
3. *de but en blanc* : immédiatement.
4. *curiosité* : intérêt (que la tante porte à sa nièce).
5. *retirez-vous* : éloignez-vous.

SCÈNE 2. ARGAN, TOINETTE, CLÉANTE

ARGAN. Monsieur Purgon m'a dit de me promener le matin dans ma chambre douze allées et douze venues ; mais j'ai oublié à[1] lui demander si c'est en long ou en large.

TOINETTE. Monsieur, voilà un...

5 ARGAN. Parle bas, pendarde ! tu viens m'ébranler tout le cerveau, et tu ne songes pas qu'il ne faut point parler si haut à des malades.

TOINETTE. Je voulais vous dire, monsieur...

ARGAN. Parle bas, te dis-je.

(Elle fait semblant de parler.)

10 ARGAN. Eh ?

TOINETTE. Je vous dis que...

(Elle fait semblant de parler.)

ARGAN. Qu'est-ce que tu dis ?

TOINETTE, *haut.* Je dis que voilà un homme qui veut parler à vous[2].

15 ARGAN. Qu'il vienne.

(Toinette fait signe à Cléante d'avancer.)

CLÉANTE. Monsieur...

TOINETTE, *raillant.* Ne parlez pas si haut, de peur d'ébranler le cerveau de monsieur.

CLÉANTE. Monsieur, je suis ravi de vous trouver debout et
20 de voir que vous vous portez mieux.

TOINETTE, *feignant• d'être en colère.* Comment, qu'il se porte mieux ? Cela est faux. Monsieur se porte toujours mal.

CLÉANTE. J'ai ouï• dire que monsieur était mieux, et je lui
25 trouve bon visage.

TOINETTE. Que voulez-vous dire avec votre bon visage ? Monsieur l'a fort mauvais, et ce sont des impertinents• qui vous ont dit qu'il était mieux. Il ne s'est jamais si mal porté.

---

1. *à* : de.
2. *parler à vous* : vous parler (tournure familière).

ARGAN. Elle a raison.

30 TOINETTE. Il marche, dort, mange et boit tout comme les autres ; mais cela n'empêche pas qu'il ne soit fort malade.

ARGAN. Cela est vrai.

CLÉANTE. Monsieur, j'en suis au désespoir. Je viens de la part du maître à chanter de mademoiselle votre fille. Il s'est
35 vu obligé d'aller à la campagne pour quelques jours, et, comme son ami intime[1], il m'envoie à sa place pour lui continuer ses leçons de peur qu'en les interrompant elle ne vînt à oublier ce qu'elle sait déjà.

ARGAN. Fort bien. Appelez Angélique.

40 TOINETTE. Je crois, monsieur, qu'il sera mieux de mener monsieur à sa chambre.

ARGAN. Non, faites-la venir.

TOINETTE. Il ne pourra lui donner leçon comme il faut s'ils ne sont en particulier[2].

45 ARGAN. Si fait[3], si fait.

TOINETTE. Monsieur, cela ne fera que vous étourdir[4], et il ne faut rien pour vous émouvoir en l'état où vous êtes et vous ébranler le cerveau.

ARGAN. Point, point, j'aime la musique, et je serai bien
50 aise de... Ah ! la voici. Allez-vous-en voir, vous, si ma femme est habillée.

---

1. *comme son ami intime* : en tant que son ami intime.
2. *en particulier* : seuls.
3. *si fait* : si (insistance).
4. *étourdir* : fatiguer la tête.

SCÈNE 3. ARGAN, ANGÉLIQUE, CLÉANTE

ARGAN. Venez ma fille, votre maître de musique est allé aux champs[1], et voilà une personne qu'il envoie à sa place pour vous montrer[2].

ANGÉLIQUE. Ah ! Ciel.

5 ARGAN. Qu'est-ce ? D'où vient cette surprise ?

ANGÉLIQUE. C'est...

ARGAN. Quoi ? Qui[3] vous émeut de la sorte ?

ANGÉLIQUE. C'est, mon père, une aventure surprenante qui se rencontre[4] ici.

10 ARGAN. Comment ?

ANGÉLIQUE. J'ai songé[5] cette nuit que j'étais dans le plus grand embarras du monde, et qu'une personne faite tout comme monsieur s'est présentée à moi, à qui j'ai demandé secours, et qui m'est venue tirer de la peine où j'étais ; et ma
15 surprise a été grande de voir inopinément[6] en arrivant ici ce que j'ai eu dans l'idée toute la nuit.

CLÉANTE. Ce n'est pas être malheureux que d'occuper votre pensée, soit en dormant, soit en veillant[7], et mon bonheur serait grand sans doute si vous étiez dans quelque
20 peine dont vous me jugeassiez digne de vous tirer ; et il n'y a rien que je ne fisse pour...

---

1. *aux champs* : à la campagne.
2. *pour vous montrer* : pour vous donner votre leçon.
3. *qui ?* : qu'est-ce qui ?
4. *qui se rencontre* : qui arrive.
5. *songé* : rêvé.
6. *inopinément* : de façon inattendue.
7. *en veillant* : en étant éveillée (soit quand vous dormez, soit quand vous êtes éveillée).

SCÈNE 4. TOINETTE, CLÉANTE, ANGÉLIQUE, ARGAN

TOINETTE, *par dérision*[1]. Ma foi, monsieur, je suis pour vous[2] maintenant, et je me dédis[3] de tout ce que je disais hier. Voici monsieur Diafoirus le père et monsieur Diafoirus le fils qui viennent vous rendre visite. Que vous serez bien 5 engendré[4] ! Vous allez voir le garçon le mieux fait du monde et le plus spirituel. Il n'a dit que deux mots, qui m'ont ravie, et votre fille va être charmée de[5] lui.

ARGAN, *à Cléante, qui feint• de vouloir s'en aller.* Ne vous en allez point, monsieur. C'est que je marie ma fille, et voilà 10 qu'on lui amène son prétendu mari[6], qu'elle n'a point encore vu.

CLÉANTE. C'est m'honorer beaucoup, monsieur, de vouloir que je sois témoin d'une entrevue si agréable.

ARGAN. C'est le fils d'un habile médecin, et le mariage se 15 fera dans quatre jours.

CLÉANTE. Fort bien.

ARGAN. Mandez-le[7] un peu à son maître de musique, afin qu'il se trouve à la noce.

CLÉANTE. Je n'y manquerai pas.

20 ARGAN. Je vous y prie aussi.

CLÉANTE. Vous me faites beaucoup d'honneur.

TOINETTE. Allons, qu'on se range ; les voici.

---

1. *par dérision* : en se moquant.
2. *pour vous* : de votre avis.
3. *je me dédis* : je reviens sur mes paroles.
4. *que vous serez bien engendré* : que vous aurez un bon gendre.
5. *de* : par.
6. *prétendu mari* : futur mari.
7. *mandez-le* : envoyez-le dire.

Questions

Compréhension

1. *Q'ont de commun le début de la scène 1 et le début de la scène 3 ? Qu'est-ce qui, en même temps, les différencie ?*

2. *Quels renseignements Toinette nous donne-t-elle, dans la scène 1, sur les circonstances de la rencontre entre Angélique et Cléante ? Qu'est-ce que cela nous révèle sur la façon dont est élevée Angélique ?*

3. *Quelles « erreurs » commet Cléante à la scène 2, puis à la scène 3 ?*

4. *Qu'est-ce que la réplique d'Angélique :* « J'ai songé cette nuit que j'étais dans le plus grand embarras du monde... » *révèle, d'une part, des sentiments et, d'autre part, du caractère d'Angélique ?*

Écriture

5. *En quoi la scène 1 constitue-t-elle une sorte de scène d'exposition ?*

6. *Dans la scène 2, on trouve à la fois un comique gestuel et un comique verbal. Précisez où.*

7. *En quoi la première réplique de Toinette, dans la scène 4, est-elle une première présentation des Diafoirus ? De quelle sorte de présentation s'agit-il ? Quelle réaction cela va-t-il déclencher chez le spectateur ?*

Mise en scène

8. *Le décor a-t-il besoin d'être différent de celui de l'acte I ? Pourquoi ?*

9. a) *Si vous faisiez représenter ces quatre scènes dans un décor du XXe siècle, comment habilleriez-vous Cléante afin qu'il puisse passer pour un maître de musique, tout en gardant des « traces » de Cléante, c'est-à-dire d'un jeune homme de famille aisée ?*

b) *Faites des recherches pour comprendre comment on rendait compte de ces différences sociales dans les vêtements au XVIIe siècle.*

c) *La différence serait-elle plus sensible aujourd'hui qu'au XVIIe siècle, ou inversement ? Qu'en concluez-vous ?*

SCÈNE 5. Monsieur Diafoirus, Thomas Diafoirus, Argan, Angélique, Cléante, Toinette

Argan, *mettant la main à son bonnet sans l'ôter.* Monsieur Purgon, monsieur, m'a défendu de découvrir ma tête. Vous êtes du métier, vous savez les conséquences[1].

Monsieur Diafoirus. Nous sommes dans toutes nos
5 visites pour[2] porter secours aux malades, et non pour leur porter de l'incommodité[3].

Argan. Je reçois, monsieur...
(Ils parlent tous deux en même temps, s'interrompent et confondent.)

Monsieur Diafoirus. Nous venons ici, monsieur...

Argan. Avec beaucoup de joie...

10 Monsieur Diafoirus. Mon fils Thomas et moi...

Argan. L'honneur que vous me faites...

Monsieur Diafoirus. Vous témoigner, monsieur...

Argan. Et j'aurais souhaité...

Monsieur Diafoirus. Le ravissement où nous sommes...

15 Argan. De pouvoir aller chez vous...

Monsieur Diafoirus. De la grâce que vous nous faites...

Argan. Pour vous en assurer...

Monsieur Diafoirus. De vouloir bien nous recevoir...

Argan. Mais vous savez, monsieur...

20 Monsieur Diafoirus. Dans l'honneur, monsieur...

Argan. Ce que c'est qu'un pauvre malade...

Monsieur Diafoirus. De votre alliance[4]...

Argan. Qui ne peut faire autre chose...

---

1. *les conséquences* : se découvrir la tête pourrait rendre Argan malade !
2. *nous sommes pour* : nous devons.
3. *incommodité* : gêne.
4. *alliance* : le fait de devenir parents par le mariage des enfants.

MONSIEUR DIAFOIRUS. Et vous assurer...

25 ARGAN. Que de vous dire ici...

MONSIEUR DIAFOIRUS. Que dans les choses qui dépendront de notre métier...

ARGAN. Qu'il cherchera toutes les occasions...

MONSIEUR DIAFOIRUS. De même qu'en toute autre...

30 ARGAN. De vous faire connaître, monsieur...

MONSIEUR DIAFOIRUS. Nous serons toujours prêts, monsieur...

ARGAN. Qu'il est tout à votre service...

MONSIEUR DIAFOIRUS. À vous témoigner notre zèle•. (*Il se* 35 *retourne vers son fils et lui dit* :) Allons, Thomas, avancez. Faites vos compliments.

THOMAS DIAFOIRUS *est un grand benêt*[1] *nouvellement*[2] *sorti des écoles, qui fait toutes choses de mauvaise grâce*[3] *et à contretemps.* N'est-ce pas par le père qu'il convient commencer ?

40 MONSIEUR DIAFOIRUS. Oui.

THOMAS DIAFOIRUS. Monsieur, je viens saluer, reconnaître, chérir et révérer[4] en vous un second père, mais un second père auquel j'ose dire que je me trouve plus redevable qu'au premier. Le premier m'a engendré, mais 45 vous m'avez choisi. Il m'a reçu par nécessité, mais vous m'avez accepté par grâce[5]. Ce que je tiens de lui est un ouvrage de son corps, mais ce que je tiens de vous est un ouvrage de votre volonté ; et, d'autant plus que les facultés spirituelles sont au-dessus des corporelles, d'autant plus[6] je 50 vous dois, et d'autant plus je tiens précieuse cette future filiation[7], dont je viens aujourd'hui vous rendre par avance les très humbles et très respectueux hommages.

---

1. *benêt* : sot.
2. *nouvellement* : récemment.
3. *de mauvaise grâce* : maladroitement.
4. *révérer* : honorer.
5. *par grâce* : par bienveillance.
6. *d'autant plus... d'autant plus* : tournure calquée sur le latin et qui était considérée comme maniérée, lourde et ridicule au XVIIe siècle.
7. *filiation* : descendance de père en fils. Thomas, par son mariage avec Angélique, va devenir le fils d'Argan.

TOINETTE. Vivent les collèges d'où l'on sort si habile homme !

55 THOMAS DIAFOIRUS. Cela a-t-il bien été, mon père ?

MONSIEUR DIAFOIRUS. *Optime*[1].

ARGAN, *à Angélique*. Allons, saluez monsieur.

THOMAS DIAFOIRUS. Baiserai-je[2] ?

MONSIEUR DIAFOIRUS. Oui, oui.

60 THOMAS DIAFOIRUS, *à Angélique*. Madame, c'est avec justice que le Ciel vous a concédé le nom de belle-mère, puisque l'on...

ARGAN. Ce n'est pas ma femme, c'est ma fille à qui vous parlez.

65 THOMAS DIAFOIRUS. Où donc est-elle ?

ARGAN. Elle va venir.

THOMAS DIAFOIRUS. Attendrai-je, mon père, qu'elle soit venue ?

MONSIEUR DIAFOIRUS. Faites toujours le compliment de
70 mademoiselle.

THOMAS DIAFOIRUS. Mademoiselle, ne plus ne moins[3] que la statue de Memnon[4] rendait un son harmonieux lorsqu'elle venait à être éclairée des rayons du soleil, tout de même[5] me sens-je animé d'un doux transport[6] à l'appari-
75 tion du soleil de vos beautés. Et, comme les naturalistes remarquent que la fleur nommée héliotrope tourne sans cesse vers cet astre du jour[7], aussi mon cœur, dores-en-

---

1. *optime* : (mot latin) très bien.
2. *baiserai-je* : dois-je l'embrasser sur la joue (coutume considérée comme vieillie au XVIIe siècle) ? sur la coiffe (usage réservé aux personnes de haute condition) ? sur les lèvres (marque de politesse alors tout à fait ordinaire) ? En tout cas, il ne s'agit pas ici du baise-main.
3. *ne plus ne moins* : ni plus ni moins.
4. *statue de Memnon* : statue d'un héros grec, fils de l'Aurore, qui chantait, dit-on, au lever du soleil.
5. *tout de même* : de la même façon.
6. *transport* : émotion.
7. *cet astre du jour* : le soleil.

avant[1], tournera-t-il toujours vers les astres resplendissants de vos yeux adorables, ainsi que[2] vers son pôle[3] unique.
80 Souffrez donc, mademoiselle, que j'appende[4] aujourd'hui à l'autel de vos charmes l'offrande de ce cœur, qui ne respire et n'ambitionne autre gloire que d'être toute sa vie, mademoiselle, votre très humble, très obéissant et très fidèle serviteur et mari.

85 TOINETTE, *en le raillant.* Voilà ce que c'est que d'étudier, on apprend à dire de belles choses.

ARGAN. Eh ! que dites-vous de cela ?

CLÉANTE. Que monsieur fait merveilles, et que, s'il est aussi bon médecin qu'il est bon orateur, il y aura plaisir à
90 être de ses malades.

TOINETTE. Assurément. Ce sera quelque chose d'admirable, s'il fait d'aussi belles cures[5] qu'il fait de beaux discours.

ARGAN. Allons, vite, ma chaise, et des sièges à tout le
95 monde. Mettez-vous là, ma fille. Vous voyez, monsieur, que tout le monde admire monsieur votre fils, et je vous trouve bien heureux de vous voir un garçon comme cela.

MONSIEUR DIAFOIRUS. Monsieur, ce n'est pas parce que je suis son père, mais je puis dire que j'ai sujet d'être content
100 de lui, et que tous ceux qui le voient en parlent comme d'un garçon qui n'a point de méchanceté. Il n'a jamais eu l'imagination bien vive, ni ce feu[6] d'esprit qu'on remarque dans quelques-uns, mais c'est par là que j'ai toujours bien auguré[7] de sa judiciaire[8], qualité requise pour l'exercice de
105 notre art•. Lorsqu'il était petit, il n'a jamais été ce qu'on appelle mièvre[9] et éveillé. On le voyait toujours doux,

1. *dores-en-avant :* dorénavant, désormais.
2. *ainsi que :* comme.
3. *pôle :* point qui attire.
4. *j'appende :* je suspende.
5. *cures :* traitements.
6. *feu :* vivacité.
7. *augurer :* deviner.
8. *judiciaire :* jugement.
9. *mièvre :* malicieux (le sens a changé à la fin du XVIIe siècle).

paisible et taciturne[1], ne disant jamais mot, et ne jouant jamais à tous ces petits jeux que l'on nomme enfantins. On eut toutes les peines du monde à lui apprendre à lire, et il
110 avait neuf ans qu'il ne connaissait pas encore ses lettres. « Bon, disais-je en moi-même, les arbres tardifs sont ceux qui produisent les meilleurs fruits. On grave sur le marbre bien plus malaisément que sur le sable ; mais les choses y sont conservées bien plus longtemps, et cette lenteur à
115 comprendre, cette pesanteur d'imagination est la marque d'un bon jugement à venir. » Lorsque je l'envoyai au collège, il trouva de la peine ; mais il se raidissait[2] contre les difficultés, et ses régents[3] se louaient toujours à moi de son assiduité et de son travail. Enfin, à force de battre le fer[4], il
120 en est venu glorieusement à avoir ses licences ; et je puis dire sans vanité que depuis deux ans qu'il est sur les bancs[5], il n'y a point de candidat qui ait fait plus de bruit[6] que lui dans toutes les disputes[7] de notre école. Il s'y est rendu redoutable, et il ne s'y passe point d'acte[7] où il n'aille
125 argumenter à outrance[8] pour la proposition contraire. Il est ferme dans la dispute, fort comme un Turc sur ses principes, ne démord jamais de son opinion, et poursuit un raisonnement jusque dans les derniers recoins de la logique. Mais, sur toute chose, ce qui me plaît en lui, et en
130 quoi il suit mon exemple, c'est qu'il s'attache aveuglément aux opinions de nos anciens, et que jamais il n'a voulu comprendre ni écouter les raisons et les expériences des prétendues découvertes de notre siècle touchant la circulation du sang et autres opinions de même farine[9].

---

1. *taciturne* : qui se tait le plus souvent.
2. *il se raidissait* : il faisait des efforts.
3. *régents* : professeurs.
4. *battre le fer* : (sens figuré) ici, travailler avec ardeur.
5. *sur les bancs* : à la faculté.
6. *qui ait fait plus de bruit* : qui se soit davantage fait remarquer par ses qualités.
7. *disputes/actes* : discussions publiques sur les sujets des thèses.
8. *à outrance* : autant qu'il est possible.
9. *de même farine* : qui ne valent rien.

135 THOMAS DIAFOIRUS, *tirant une grande thèse roulée de sa poche, qu'il présente à Angélique.* J'ai contre les circulateurs[1] soutenu une thèse, qu'avec la permission de monsieur, j'ose présenter à mademoiselle comme un hommage que je lui dois des prémices[2] de mon esprit.

140 ANGÉLIQUE. Monsieur, c'est pour moi un meuble[3] inutile, et je ne me connais pas à ces choses-là.

TOINETTE. Donnez, donnez, elle est toujours bonne à prendre pour l'image[4], cela servira à parer notre chambre.

THOMAS DIAFOIRUS. Avec la permission aussi de mon-
145 sieur, je vous invite à venir voir l'un de ces jours, pour vous divertir, la dissection d'une femme, sur quoi[5] je dois raisonner.

TOINETTE. Le divertissement sera agréable. Il y en a qui donnent la comédie à leurs maîtresses•, mais donner une
150 dissection est quelque chose de plus galant[6].

MONSIEUR DIAFOIRUS. Au reste, pour ce qui est des qualités requises pour le mariage et la propagation[7], je vous assure que, selon les règles de nos docteurs, il est tel qu'on le peut souhaiter ; qu'il possède en un degré louable la vertu
155 prolifique[8], et qu'il est du tempérament qu'il faut pour engendrer et procréer des enfants bien conditionnés[9].

ARGAN. N'est-ce pas votre intention, monsieur, de le pousser à la cour et d'y ménager pour lui une charge de médecin ?

160 MONSIEUR DIAFOIRUS. À vous en parler franchement, notre métier auprès des grands ne m'a jamais paru agréable,

---

1. *les circulateurs* : ceux qui soutiennent (à juste titre depuis la découverte de Harvey en 1619) qu'il y a circulation du sang dans les veines.
2. *prémices* : premiers ouvrages.
3. *meuble* : objet.
4. *image* : les thèses étaient en général décorées.
5. *sur quoi* : sur laquelle.
6. *galant* : délicat.
7. *propagation* : procréation.
8. *prolifique* : qui permet d'engendrer.
9. *bien conditionnés* : bien constitués.

et j'ai toujours trouvé qu'il valait mieux, pour nous autres, demeurer au public[1]. Le public est commode. Vous n'avez à répondre de vos actions à personne et, pourvu que l'on
165 suive le courant des règles[2] de l'art•, on ne se met point en peine[3] de tout ce qui peut arriver. Mais ce qu'il y a de fâcheux auprès des grands, c'est que, quand ils viennent à être malades, ils veulent absolument que leurs médecins les guérissent.

170 TOINETTE. Cela est plaisant, et ils sont bien impertinents• de vouloir que, vous autres, messieurs, vous les guérissiez ! Vous n'êtes point auprès d'eux pour cela ; vous n'y êtes que pour recevoir vos pensions[4] et leur ordonner[5] des remèdes ; c'est à eux à[6] guérir s'ils peuvent.

175 MONSIEUR DIAFOIRUS. Cela est vrai. On n'est obligé qu'à traiter les gens dans les formes[7].

ARGAN, *à Cléante.* Monsieur, faites un peu chanter ma fille devant la compagnie.

CLÉANTE. J'attendais vos ordres, monsieur, et il m'est
180 venu en pensée, pour divertir la compagnie, de chanter avec mademoiselle une scène d'un petit opéra qu'on a fait depuis peu. (*À Angélique, lui donnant un papier.*) Tenez, voilà votre partie[8].

ANGÉLIQUE. Moi ?

185 CLÉANTE, *bas à Angélique.* Ne vous défendez point, s'il vous plaît, et me laissez vous faire comprendre ce que c'est que la scène que nous devons chanter. (*Haut.*) Je n'ai pas une voix à chanter ; mais il suffit que je me fasse entendre, et l'on aura la bonté de m'excuser par la nécessité où je me
190 trouve de faire chanter mademoiselle.

---

1. *demeurer au public* : rester médecin du peuple.
2. *le courant des règles* : les règles habituelles.
3. *on ne se met point en peine* : on ne se soucie pas.
4. *pensions* : les médecins des Grands recevaient une rente.
5. *ordonner* : faire une ordonnance.
6. *à* : de.
7. *dans le formes* : selon les règles de l'art.
8. *partie* : papier sur lequel est inscrit le morceau que chacun doit chanter.

ARGAN. Les vers en sont-ils beaux ?

CLÉANTE. C'est proprement ici un petit opéra impromptu[1], et vous n'allez entendre chanter que de la prose cadencée[2], ou des manières de[3] vers libres, tels que[4]
195 la passion et la nécessité peuvent faire trouver à deux personnes qui disent les choses d'elles-mêmes et parlent sur-le-champ.

ARGAN. Fort bien. Écoutons.

CLÉANTE, *sous le nom d'un berger, explique à sa maîtresse son*
200 *amour depuis leur rencontre, et ensuite ils s'appliquent[5] leurs pensées l'un à l'autre en chantant.* Voici le sujet de la scène. Un berger était attentif aux beautés d'un spectacle qui ne faisait que de commencer, lorsqu'il fut tiré de son attention par un bruit qu'il entendit à ses côtés. Il se retourne et voit
205 un brutal qui, de paroles insolentes, maltraitait une bergère. D'abord il prend les intérêts d'un sexe à qui tous les hommes doivent hommage ; et, après avoir donné au brutal le châtiment de son insolence, il vient à la bergère et voit une jeune personne qui, des deux plus beaux yeux qu'il eût
210 jamais vus, versait des larmes, qu'il trouva les plus belles du monde. « Hélas ! dit-il en lui-même, est-on capable d'outrager[6] une personne si aimable ? Et quel humain, quel barbare, ne serait touché par de telles larmes ? » Il prend soin de les arrêter, ces larmes qu'il trouve si belles ; et
215 l'aimable bergère prend soin en même temps de le remercier de son léger service, mais d'une manière si charmante, si tendre et si passionnée, que le berger n'y peut résister, et chaque mot, chaque regard, est un trait plein de flamme dont son cœur se sent pénétré. « Est-il, disait-il, quelque
220 chose qui puisse mériter les aimables paroles d'un tel remerciement ? Et que ne voudrait-on pas faire, à quels

1. *inpromptu* : improvisé.
2. *prose cadencée* : prose que le rythme permet de chanter.
3. *des manières de* : des sortes de.
4. *tels que* : tels que ceux que.
5. *ils s'appliquent leurs pensées* : ils se disent leurs pensées.
6. *outrager* : offenser.

services, à quels dangers ne serait-on pas ravi de courir, pour s'attirer un seul moment des touchantes douceurs d'une âme si reconnaissante ? » Tout le spectacle passe sans qu'il y donne aucune attention ; mais il se plaint qu'il est trop court, parce qu'en finissant, il le sépare de son adorable bergère ; et, de cette première vue, de ce premier moment, il emporte chez lui tout ce qu'un amour de plusieurs années peut avoir de plus violent. Le voilà aussitôt à sentir tous les maux de l'absence, et il est tourmenté de ne plus voir ce qu'il a si peu vu. Il fait tout ce qu'il peut pour se redonner cette vue[1], dont il conserve nuit et jour une si chère idée ; mais la grande contrainte• où l'on tient sa bergère lui en ôte tous les moyens. La violence de sa passion le fait résoudre à demander en mariage l'adorable beauté sans laquelle il ne peut plus vivre, et il en obtient d'elle la permission par un billet qu'il a l'adresse de lui faire tenir[2]. Mais dans le même temps on l'avertit que le père de cette belle a conclu son mariage avec un autre, et que tout se dispose pour en célébrer la cérémonie. Jugez quelle atteinte cruelle au cœur de ce triste berger ! Le voilà accablé d'une mortelle douleur. Il ne peut souffrir l'effroyable idée de voir tout ce qu'il aime entre les bras d'un autre, et son amour au désespoir lui fait trouver moyen de s'introduire dans la maison de sa bergère pour apprendre ses sentiments et savoir d'elle la destinée à laquelle il doit se résoudre. Il y rencontre les apprêts• de tout ce qu'il craint ; il y voit venir l'indigne rival que le caprice d'un père oppose aux tendresses de son amour. Il le voit triomphant, ce rival ridicule, auprès de l'aimable bergère, ainsi qu'auprès[3] d'une conquête qui lui est assurée, et cette vue le remplit d'une colère dont il a peine à se rendre maître. Il jette de douloureux regards sur celle qu'il adore, et son respect et la présence de son père l'empêchent de lui rien dire que des yeux[4]. Mais enfin, il force toute

1. *se redonner cette vue* : pouvoir la revoir.
2. *tenir* : parvenir.
3. *ainsi qu'auprès* : comme il le serait auprès.
4. *l'empêchant de lui rien dire que des yeux* : l'empêchent de lui parler autrement qu'avec les yeux.

255 contrainte et le transport• de son amour l'oblige à lui parler ainsi :

(*Il chante.*)

Belle Philis, c'est trop, c'est trop souffrir ;
Rompons ce dur silence, et m'ouvrez vous pensées.
Apprenez-moi ma destinée :
260 *Faut-il vivre ? faut-il mourir ?*

ANGÉLIQUE, répond en chantant.
Vous me voyez, Tircis, triste et mélancolique
Aux apprêts• de l'hymen[1] *dont vous vous alarmez :*
Je lève au Ciel les yeux, je vous regarde, je soupire,
C'est vous en dire assez.

265 ARGAN. Ouais ! je ne croyais pas que ma fille fût si habile que de chanter[2] ainsi à livre ouvert sans hésiter.

CLÉANTE.
Hélas ! belle Philis,
Se pourrait-il que l'amoureux Tircis
Eût assez de bonheur
270 *Pour avoir quelque place dans votre cœur ?*

ANGÉLIQUE.
Je ne m'en défends point dans cette peine extrême :
Oui, Tircis, je vous aime.

CLÉANTE.
Ô parole pleine d'appas[3] *!*
Ai-je bien entendu, hélas !
275 *Redites-la, Philis, que je n'en doute pas.*

1. *hymen* : mariage.
2. *(si habile) que de chanter* : pour chanter.
3. *appas* : promesse.

ANGÉLIQUE.
Oui, Tircis, je vous aime.

CLÉANTE.
De grâce, encor, Philis.

ANGÉLIQUE.
Je vous aime.

CLÉANTE.
Recommencez cent fois, ne vous en lassez pas.

ANGÉLIQUE.
280 *Je vous aime, je vous aime ;*
Oui, Tircis, je vous aime.

CLÉANTE.
Dieux, rois, qui sous vos pieds regardez tout le monde,
Pouvez-vous comparer votre bonheur au mien ?
Mais, Philis, une pensée
285 *Vient troubler ce doux transport :*
Un rival, un rival...

ANGÉLIQUE.
Ah ! je le hais plus que la mort,
Et sa présence, ainsi qu'à vous,
M'est un cruel supplice.

CLÉANTE.
290 *Mais un père à ses vœux vous veut assujettir*[1].

ANGÉLIQUE.
Plutôt, plutôt mourir
Que de jamais y consentir ;
Plutôt, plutôt mourir, plutôt mourir !

ARGAN. Et que dit le père à tout cela ?

295 CLÉANTE. Il ne dit rien.

ARGAN. Voilà un sot père que ce père-là de souffrir• toutes ces sottises-là sans rien dire !

CLÉANTE.
Ah ! mon amour...

ARGAN. Non, non, en voilà assez. Cette comédie-là est de
300 fort mauvais exemple. Le berger Tircis est un impertinent•,

1. *assujettir* : forcer à obéir.

et la bergère Philis, une impudente[1] de parler de la sorte devant son père. Montrez-moi ce papier. Ah ! ah ! Où sont donc les paroles que vous avez dites ? Il n'y a là que de la musique écrite.

305 CLÉANTE. Est-ce que vous ne savez pas, monsieur, qu'on a trouvé depuis peu l'invention[2] d'écrire les paroles avec les notes mêmes ?

ARGAN. Fort bien. Je suis votre serviteur[3], monsieur ; jusqu'au revoir. Nous nous serions bien passés de votre
310 impertinent* d'opéra.

CLÉANTE. J'ai cru vous divertir.

ARGAN. Les sottises ne divertissent point. Ah ! voici ma femme.

Cléante et Toinette dans une mise en scène de Pierre Boutron, Théâtre de l'Atelier, 1987.

1. *impudente* : insolente.
2. *on a trouvé l'invention* : on a découvert le moyen.
3. *je suis votre serviteur* : formule qui équivaut à un renvoi.

Questions

Compréhension

1. *Deux nouveaux personnages entrent en scène : les Diafoirus. Pourquoi seul le père parle-t-il avec Argan ? Est-ce seulement parce qu'il est le plus âgé ? Quand Thomas prendra-t-il la parole ?*

2. *Dès sa première réplique, Argan prend son rôle préféré. Lequel ? Pourquoi ?*

3. *Relevez dans la tirade de monsieur Diafoirus :*
a) ce qui prouve la bêtise de Thomas ;
b) ce que Molière reproche à une grande partie des médecins de son temps. Déduisez-en pour qui Molière prend parti.

4. *Quelles répliques de monsieur Diafoirus pourrait-on qualifier de cyniques ? Pourquoi ?*

5. *Dans la tirade de Cléante qui précède « l'opéra impromptu », relevez les termes appartenant au champ lexical de l'amour et à celui de la colère et de la souffrance. Qu'en déduisez-vous ?*

6. *Quelles trouvailles de Cléante peuvent faire dire que l'amour donne de l'imagination ?*

Écriture / Réécriture

7. *Étudiez l'humour de chacune des répliques de Toinette. Pourquoi ne s'attire-t-elle pas les foudres d'Argan ? Pourtant, de qui se moque-t-elle ? Justifiez vos réponses en citant le texte avec précision.*

8. *Le début de la scène est-il comique ? En quoi ? Qu'est-ce que cela prouve ?*

9. *Le début des deux discours de Thomas est-il profondément ridicule ? En quoi ?*

10. *Inventez un discours de Thomas à la vieille tante d'Angélique.*

Mise en scène

11. *Qui sont les héros de la première partie de la scène ? De la deuxième partie ? Pourquoi y a-t-il déplacements des uns aux autres ?*

12. *Si vous étiez metteur en scène, quels acteurs connus choisiriez-vous pour jouer Thomas Diafoirus et monsieur Diafoirus ? Justifiez votre choix.*

13. *Imaginez les mimiques et les déplacements des personnages muets — ou presque muets — de chacune des deux parties.*

14. *Quel est l'intérêt de la didascalie• qui précède la présentation par Cléante de son opéra ? Que peut en faire un metteur en scène ?*

15. *Sur quel(s) air(s) pourrait-on chanter « l'opéra impromptu » ?*

Thomas Diafoirus, Argan et Angélique dans une mise en scène de Pierre Boutron, Théâtre des Arts Hébertot, 1988.

SCÈNE 6. BÉLINE, ARGAN, TOINETTE, ANGÉLIQUE, MONSIEUR DIAFOIRUS, THOMAS DIAFOIRUS

ARGAN. M'amour, voilà le fils de monsieur Diafoirus.

THOMAS DIAFOIRUS *commence un compliment qu'il avait étudié*[1] *et, la mémoire lui manquant, il ne peut continuer.* Madame, c'est avec justice que le Ciel vous a
5 concédé[2] le nom de belle-mère, puisque l'on voit sur votre visage...

BÉLINE. Monsieur, je suis ravie d'être venue ici à propos[3] pour avoir l'honneur de vous voir.

THOMAS DIAFOIRUS. Puisque l'on voit sur votre visage...
10 puisque l'on voit sur votre visage... Madame, vous m'avez interrompu dans le milieu de ma période[4], et cela m'a troublé la mémoire.

MONSIEUR DIAFOIRUS. Thomas, réservez cela pour une autre fois.

15 ARGAN. Je voudrais, mamie, que vous eussiez été ici tantôt[5].

TOINETTE. Ah ! madame, vous avez bien perdu de n'avoir point été au[6] second père, à la statue de Memnon et à la fleur nommée héliotrope.

20 ARGAN. Allons, ma fille, touchez dans la main de[7] monsieur et lui donnez votre foi comme à votre mari[8].

ANGÉLIQUE. Mon père !

ARGAN. Hé bien, mon père ! qu'est-ce que cela veut dire ?

ANGÉLIQUE. De grâce, ne précipitez pas les choses. Don-
25 nez-nous au moins le temps de nous connaître et de voir

---

1. *étudier* : apprendre.
2. *concédé* : donné.
3. *à propos* : au moment opportun, au bon moment.
4. *période* : phrase complexe.
5. *tantôt* : il y a un instant.
6. *n'avoir point été au...* : ne pas avoir été là au moment où Thomas parlait de...
7. *touchez dans la main* : donnez la main en signe d'engagement.
8. *lui donnez votre foi comme à votre mari* : promettez-lui de l'épouser.

naître en nous l'un pour l'autre cette inclination• si nécessaire à composer une union parfaite.

THOMAS DIAFOIRUS. Quant à moi, mademoiselle, elle est déjà toute née en moi, et je n'ai pas besoin d'attendre
30 davantage.

ANGÉLIQUE. Si vous êtes si prompt[1], monsieur, il n'en est pas de même de moi, et je vous avoue que votre mérite n'a pas encore fait assez d'impression dans mon âme.

ARGAN. Oh ! bien, bien ; cela aura tout le loisir de se faire
35 quand vous serez mariés ensemble.

ANGÉLIQUE. Hé ! mon père, donnez-moi du temps, je vous prie. Le mariage est une chaîne où l'on ne doit jamais soumettre un cœur par force ; et, si monsieur est honnête• homme, il ne doit point vouloir accepter une personne qui
40 serait à lui par contrainte.

THOMAS DIAFOIRUS. *Nego consequentiam*[2], mademoiselle, et je puis être honnête homme et vouloir bien vous accepter des mains de monsieur votre père.

ANGÉLIQUE. C'est un méchant[3] moyen de se faire aimer de
45 quelqu'un que de lui faire violence.

THOMAS DIAFOIRUS. Nous lisons des anciens, mademoiselle, que leur coutume était d'enlever par force de la maison des pères les filles qu'on menait marier, afin qu'il ne semblât pas que ce fût de leur consentement qu'elles
50 convolaient[4] dans les bras d'un homme.

ANGÉLIQUE. Les anciens, monsieur, sont les anciens, et nous sommes les gens de maintenant. Les grimaces ne sont point nécessaires dans notre siècle et, quand un mariage nous plaît, nous savons fort bien y aller sans qu'on nous y
55 traîne. Donnez-vous patience[5], si vous m'aimez, monsieur, vous devez vouloir tout ce que je veux.

---

1. *prompt* : rapide.
2. *nego consequentiam* : (expression latine) je n'accepte pas la conséquence que vous présentez (être honnête• homme n'entraîne pas Thomas à ne pas vouloir épouser Angélique).
3. *méchant* : sans valeur.
4. *convolaient* : se mariaient.
5. *donnez-vous patience* : patientez.

THOMAS DIAFOIRUS. Oui, mademoiselle, jusqu'aux intérêts de mon amour exclusivement.

ANGÉLIQUE. Mais la grande marque d'amour, c'est d'être
60 soumis aux volontés de celle qu'on aime.

THOMAS DIAFOIRUS. *Distinguo*[1], mademoiselle : dans ce qui ne regarde point sa possession, *concedo*[1] ; mais dans ce qui la regarde, *nego*[1].

TOINETTE. Vous avez beau raisonner, monsieur est frais
65 émoulu du collège[2], et il vous donnera toujours votre reste[3]. Pourquoi tant résister et refuser la gloire d'être attachée au corps de la Faculté ?

BÉLINE. Elle a peut-être quelque inclination• en tête.

ANGÉLIQUE. Si j'en avais, madame, elle serait telle que la
70 raison et l'honnêteté pourraient me la permettre.

ARGAN. Ouais ! je joue ici un plaisant personnage.

BÉLINE. Si j'étais que de[4] vous, mon fils, je ne la forcerais point à se marier, et je sais bien ce que je ferais.

ANGÉLIQUE. Je sais, madame, ce que vous voulez dire, et
75 les bontés que vous avez pour moi ; mais peut-être que vos conseils ne seront pas assez heureux pour être exécutés.

BÉLINE. C'est que les filles bien sages et bien honnêtes comme vous se moquent d'être obéissantes et soumises aux volontés de leur père. Cela était bon autrefois.

80 ANGÉLIQUE. Le devoir d'une fille a des bornes, madame, et la raison et les lois ne l'étendent point à toutes sortes de choses.

BÉLINE. C'est-à-dire que vos pensées ne sont que pour le mariage ; mais vous voulez choisir un époux à votre
85 fantaisie[5].

---

1. *distinguo, concedo, nego* : (latin) je distingue, je concède, je n'accorde pas (termes d'argumentation). Thomas Diafoirus n'accepte de céder à Angélique que si les désirs de la jeune fille ne contrarient pas ses projets à lui.
2. *frais émoulu du collège* : sorti récemment du collège.
3. *il vous donnera votre reste* : il l'emportera.
4. *si j'étais que de vous* : à votre place.
5. *fantaisie* : goût.

ANGÉLIQUE. Si mon père ne veut pas me donner un mari qui me plaise, je le conjurerai[1] au moins de ne me point forcer à en épouser un que je ne puisse aimer.

ARGAN. Messieurs, je vous demande pardon de tout ceci.

ANGÉLIQUE. Chacun a son but en se mariant. Pour moi, qui ne veux un mari que pour l'aimer véritablement, et qui prétends en faire tout l'attachement de ma vie, je vous avoue que j'y cherche quelque précaution[2]. Il y en a d'autres qui prennent des maris seulement pour se tirer de la contrainte• de leurs parents et se mettre en état de faire tout ce qu'elles voudront. Il y en a d'autres, madame, qui font du mariage un commerce de pur intérêt ; qui ne se marient que pour gagner des douaires[3], que pour s'enrichir par la mort de ceux qu'elles épousent, et courent sans scrupule de mari en mari pour s'approprier leurs dépouilles. Ces personnes-là, à la vérité, n'y cherchent pas tant de façons[4] et regardent peu à la personne.

BÉLINE. Je vous trouve aujourd'hui bien raisonnante, et je voudrais bien savoir ce que vous voulez dire par là.

ANGÉLIQUE. Moi, madame, que voudrais-je dire que ce que je dis ?

BÉLINE. Vous êtes si sotte, ma mie, qu'on ne saurait plus vous souffrir•.

ANGÉLIQUE. Vous voudriez bien, madame, m'obliger à vous répondre quelque impertinence, mais je vous avertis que vous n'aurez pas cet avantage.

BÉLINE. Il n'est rien d'égal à votre insolence.

ANGÉLIQUE. Non, madame, vous avez beau dire.

BÉLINE. Et vous avez un ridicule orgueil, une impertinente• présomption[5] qui fait hausser les épaules à tout le monde.

---

1. *conjurer* : prier avec insistance.
2. *précaution* : garantie.
3. *douaires* : biens donnés par le mari à sa femme au cas où il mourrait avant elle.
4. *n'y cherchent pas tant de façons* : ne font pas tant de manières.
5. *présomption* : opinion avantageuse que l'on a de soi-même.

ANGÉLIQUE. Tout cela, madame, ne servira de rien, je serai sage en dépit de vous, et pour vous ôter l'espérance de pouvoir réussir dans ce que vous voulez, je vais m'ôter de
120 votre vue.

ARGAN. Écoute, il n'y a point de milieu à cela[1]. Choisis d'épouser dans quatre jours ou monsieur ou un couvent. (*À Béline.*) Ne vous mettez pas en peine, je la rangerai[2] bien.

BÉLINE. Je suis fâchée de vous quitter, mon fils ; mais j'ai
125 une affaire en ville dont je ne puis me dispenser. Je reviendrai bientôt.

ARGAN. Allez, m'amour, et passez chez votre notaire, afin qu'il expédie[3] ce que vous savez.

BÉLINE. Adieu, mon petit ami.

130 ARGAN. Adieu, ma mie. Voilà une femme qui m'aime... cela n'est pas croyable.

MONSIEUR DIAFOIRUS. Nous allons, monsieur, prendre congé de vous.

ARGAN. Je vous prie, monsieur, de me dire un peu
135 comment je suis.

MONSIEUR DIAFOIRUS, *lui tâte le pouls.* Allons, Thomas, prenez l'autre bras de monsieur, pour voir si vous saurez porter un bon jugement de[4] son pouls. *Quid dicis*[5] ?

THOMAS DIAFOIRUS. *Dico*[6] que le pouls de monsieur est le
140 pouls d'un homme qui ne se porte point bien.

MONSIEUR DIAFOIRUS. Bon.

THOMAS DIAFOIRUS. Qu'il est duriuscule[7], pour ne pas dire dur.

MONSIEUR DIAFOIRUS. Fort bien.

---

1. *il n'y a point de milieu* : il faut choisir.
2. *je la rangerai* : je la forcerai à se soumettre.
3. *expédie* : achève.
4. *de* : sur.
5. *quid dicis* : (latin) que dis-tu ?
6. *dico* : (latin) je dis.
7. *duriuscule* : un peu dur.

145 THOMAS DIAFOIRUS. Repoussant[1].

MONSIEUR DIAFOIRUS. *Bene*[2].

THOMAS DIAFOIRUS. Et même un peu caprisant[3].

MONSIEUR DIAFOIRUS. *Optime*[4].

THOMAS DIAFOIRUS. Ce qui marque une intempérie• dans
150 le parenchyme splénique[5], c'est-à-dire la rate.

MONSIEUR DIAFOIRUS. Fort bien.

ARGAN. Non ; monsieur Purgon dit que c'est mon foie qui est malade.

MONSIEUR DIAFOIRUS. Eh ! oui ; qui dit parenchyme dit
155 l'un et l'autre, à cause de l'étroite sympathie[6] qu'ils ont ensemble, par le moyen du *vas breve*[7], du *pylore*[8], et souvent des *méats cholidoques*[9]. Il vous ordonne• sans doute• de manger force[10] rôti.

ARGAN. Non, rien que du bouilli.

160 MONSIEUR DIAFOIRUS. Eh ! oui ; rôti, bouilli, même chose. Il vous ordonne fort prudemment, et vous ne pouvez être en de meilleures mains.

ARGAN. Monsieur, combien est-ce qu'il faut mettre de grains de sel dans un œuf ?

165 MONSIEUR DIAFOIRUS. Six, huit, dix, par les nombres pairs, comme dans les médicaments par les nombres impairs.

ARGAN. Jusqu'au revoir, monsieur.

---

1. *repoussant* : qui bat fort (et repousse le doigt qui le tâte).
2. *bene* : (latin) bien.
3. *caprisant* : irrégulier.
4. *optime* : (latin) très bien.
5. *parenchyme splénique* : tissus de la rate.
6. *sympathie* : rapport.
7. *vas breve* : canal biliaire.
8. *pylore* : orifice intérieur de l'estomac.
9. *méats cholidoques* : conduits qui amènent la bile dans le duodénum.
10. *force* : beaucoup.

SCÈNE 7. BÉLINE, ARGAN

BÉLINE. Je viens, mon fils, avant de sortir, vous donner avis[1] d'une chose à laquelle il faut que vous preniez garde. En passant par devant la chambre d'Angélique, j'ai vu un jeune homme avec elle, qui s'est sauvé d'abord qu'il[2] m'a
5 vue.

ARGAN. Un jeune homme avec ma fille !

BÉLINE. Oui. Votre petite fille Louison était avec eux, qui pourra vous en dire des nouvelles.

ARGAN. Envoyez-la, ici, m'amour, envoyez-la ici. Ah !
10 l'effrontée ! Je ne m'étonne plus de sa résistance.

Les Diafoirus (Bernard Mesguich et Jacques Angeniol) avec Argan (Marcel Maréchal), dans une mise en scène de Marcel Maréchal, T.E.P., 1978.

1. *donner avis* : avertir.
2. *d'abord que* : dès que.

Questions

Compréhension

1. *Quel personnage fait son retour dans ces deux scènes ? Quelle réplique de la scène 6 prouve qu'il est moins dupe qu'Argan de la raison essentielle qui empêche Angélique d'accepter ce mari ?*

2. *Dans la scène 5, Thomas Diafoirus était surtout apparu comme un benêt. Quels autres défauts, signalés comme des qualités par son père dans la scène 5, apparaissent ici ? Où exactement ?*

3. *Dans la scène 6 de l'acte I, Angélique restait muette devant la décision de son père. Ici, il semble qu'elle ait repris courage. Elle se bat contre deux personnages dans la scène 6 de l'acte II. Lesquels ? Quels arguments développe-t-elle contre l'un et l'autre ? Qui, d'après vous, gagne chacun de ces « duels » ? Pourquoi ?*

4. *La scène 7 est une scène de transition. Pourquoi est-elle indispensable ?*

Écriture

5. *Qu'est-ce qui rend le début de la scène 6 comique ? Et la fin ?*

6. *Cette scène vous apparaît-elle dans son ensemble comme essentiellement comique ? Pourquoi ?*

7. *Comment peut-on qualifier le ton des répliques de Toinette ? Pourquoi ?*

8. *Quelle réplique d'Argan pourrait faire croire que la scène précédente avec Cléante n'a pas eu lieu, ou, tout au moins, qu'Argan n'a pas le moindre soupçon des amours de sa fille ? Où est-ce vérifié dans la scène 7 ? Comment peut-on expliquer cette attitude d'Argan ?*

Mise en scène

9. *Quel est l'intérêt de la didascalie* qui précède la première réplique de Thomas Diafoirus dans la scène 6 ?*

10. *Faites un schéma représentant la place occupée par les différents personnages au début de cette scène 6, puis indiquez les déplacements que devraient effectuer les acteurs, en précisant la réplique correspondant à ce déplacement.*

SCÈNE 8. LOUISON, ARGAN

LOUISON. Qu'est-ce que vous voulez,
belle-maman m'a dit que vous me demandez.

ARGAN. Oui. Venez çà[1]. Avancez là. Tournez-vous. Levez les yeux. Regardez-moi. Eh !

LOUISON. Quoi, mon papa ?

ARGAN. Là ?

LOUISON. Quoi ?

ARGAN. N'avez-vous rien à me dire ?

LOUISON. Je vous dirai, si vous voulez, pour vous désennuyer[2], le conte de *Peau d'âne* ou bien la fable du *Corbeau et du Renard*, qu'on m'a apprise depuis peu.

ARGAN. Ce n'est pas là ce que je vous demande.

LOUISON. Quoi donc ?

ARGAN. Ah ! rusée, vous savez bien ce que je veux dire.

LOUISON. Pardonnez-moi, mon papa.

ARGAN. Est-ce là comme vous m'obéissez ?

LOUISON. Quoi ?

ARGAN. Ne vous ai-je pas recommandé de me venir dire d'abord• tout ce que vous voyez ?

LOUISON. Oui, mon papa.

ARGAN. L'avez-vous fait ?

LOUISON. Oui, mon papa. Je vous suis venue dire tout ce que j'ai vu.

ARGAN. Et n'avez-vous rien vu aujourd'hui ?

LOUISON. Non, mon papa.

ARGAN. Non ?

LOUISON. Non, mon papa.

---

1. *venez çà* : venez ici.
2. *désennuyer* : chasser l'ennui.

ARGAN. Assurément ?

LOUISON. Assurément.

30 ARGAN. Oh ! çà, je m'en vais vous faire voir quelque chose, moi.

(Il va prendre une poignée de verges[1]*.)*

LOUISON. Ah ! mon papa !

ARGAN. Ah ! ah ! petite masque[2], vous ne me dites pas que vous avez vu un homme dans la chambre de votre
35 sœur ?

LOUISON. Mon papa !

ARGAN. Voici qui vous apprendra à mentir.

LOUISON *se jette à genoux.* Ah ! mon papa, je vous demande pardon. C'est que ma sœur m'avait dit de ne pas
40 vous le dire, et je m'en vais vous dire tout.

ARGAN. Il faut premièrement que vous ayez le fouet pour avoir menti. Puis après nous verrons au reste.

LOUISON. Pardon, mon papa.

ARGAN. Non, non.

45 LOUISON. Mon pauvre papa, ne me donnez pas le fouet.

ARGAN. Vous l'aurez.

LOUISON. Au nom de Dieu, mon papa, que je ne l'aie pas.

ARGAN, *la prenant pour la fouetter.* Allons, allons.

LOUISON. Ah ! mon papa, vous m'avez blessée. Attendez,
50 je suis morte.

(Elle contrefait• la morte.)

ARGAN. Holà ! Qu'est-ce là ? Louison, Louison ! Ah ! mon Dieu ! Louison ! Ah ! ma fille ! Ah ! malheureux, ma pauvre fille est morte. Qu'ai-je fait, misérable ? Ah ! chiennes de verges ! La peste soit des verges ! Ah ! ma pauvre fille, ma
55 pauvre petite Louison.

---

1. *verges* : baguettes pour frapper.
2. *masque* : coquine, méchante.

LOUISON. Là, là, mon papa, ne pleurez point tant ; je ne suis pas morte tout à fait.

ARGAN. Voyez-vous la petite rusée ! Oh ! çà, çà, je vous pardonne pour cette fois-ci, pourvu que vous me disiez
60 bien tout.

LOUISON. Oh ! oui, mon papa.

ARGAN. Prenez-y bien garde au moins, car voilà un petit doigt, qui sait tout, qui me dira si vous mentez.

LOUISON. Mais, mon papa, ne dites pas à ma sœur que je
65 vous l'ai dit.

ARGAN. Non, non.

LOUISON. C'est, mon papa, qu'il est venu un homme dans la chambre de ma sœur comme j'y étais.

ARGAN. Hé bien ?

70 LOUISON. Je lui ai demandé ce qu'il demandait, et il m'a dit qu'il était son maître à chanter.

ARGAN. Hom, hom ! Voilà l'affaire. Hé bien ?

LOUISON. Ma sœur est venue après.

ARGAN. Hé bien ?

75 LOUISON. Elle lui a dit : « Sortez, sortez, sortez ! Mon Dieu, sortez, vous me mettez au désespoir. »

ARGAN. Hé bien ?

LOUISON. Et lui, il ne voulait pas sortir.

ARGAN. Qu'est-ce qu'il disait ?

80 LOUISON. Il lui disait je ne sais combien de choses.

ARGAN. Et quoi encore ?

LOUISON. Il lui disait tout ci, tout çà[1], qu'il l'aimait bien, et qu'elle était la plus belle du monde.

ARGAN. Et puis après ?

85 LOUISON. Et puis après il se mettait à genoux devant elle.

---

1. *tout ci, tout çà* : beaucoup de choses.

ARGAN. Et puis après ?

LOUISON. Et puis après, il lui baisait les mains.

ARGAN. Et puis après ?

LOUISON. Et puis après, ma belle-maman est venue à la
90 porte, et il s'est enfui.

ARGAN. Il n'y a point autre chose ?

LOUISON. Non, mon papa.

ARGAN. Voilà mon petit doigt pourtant qui gronde quelque chose. *(Il met son doigt à son oreille.)* Attendez. Eh ! Ah !
95 ah ! Oui ? Oh ! oh ! voilà mon petit doigt qui me dit quelque chose que vous avez vu, et que vous ne m'avez pas dit.

LOUISON. Ah ! mon papa, votre petit doigt est un menteur.

ARGAN. Prenez garde.

100 LOUISON. Non, mon papa, ne le croyez pas ; il ment, je vous assure.

ARGAN. Oh bien, bien, nous verrons cela. Allez-vous-en, et prenez bien garde à tout ; allez. Ah ! il n'y a plus d'enfants. Ah ! que d'affaires ! je n'ai pas seulement le loisir
105 de songer à ma maladie. En vérité, je n'en puis plus.

(Il se remet dans sa chaise.)

SCÈNE 9. BÉRALDE, ARGAN

BÉRALDE. Hé bien, mon frère, qu'est-ce ? Comment vous portez-vous ?

ARGAN. Ah ! mon frère, fort mal.

BÉRALDE. Comment, fort mal ?

5 ARGAN. Oui, je suis dans une faiblesse si grande que cela n'est pas croyable.

BÉRALDE. Voilà qui est fâcheux[1].

1. *fâcheux* : qui fait de la peine.

ARGAN. Je n'ai pas seulement la force de pouvoir parler.

BÉRALDE. J'étais venu ici, mon frère, vous proposer un
10 parti[1] pour ma nièce Angélique.

ARGAN, *parlant avec emportement, et se levant de sa chaise.* Mon frère, ne me parlez point de cette coquine-là. C'est une friponne, une impertinente•, une effrontée, que je mettrai dans un couvent avant qu'il soit deux jours[2].

15 BÉRALDE. Ah ! voilà qui est bien. Je suis bien aise que la force vous revienne un peu et que ma visite vous fasse du bien. Oh çà ! nous parlerons d'affaires tantôt[3]. Je vous amène ici un divertissement que j'ai rencontré, qui dissipera votre chagrin[4] et vous rendra l'âme mieux disposée aux
20 choses que nous avons à dire. Ce sont des Égyptiens[5] vêtus en Mores[6] qui font des danses mêlées de chansons où je suis sûr que vous prendrez plaisir, et cela vaudra bien une ordonnance de monsieur Purgon. Allons.

Louison et Argan (Jean Le Poulain), dans une mise en scène de Jean-Laurent Cochet, Comédie française, 1979.

1. *un parti* : un mariage.
2. *avant qu'il soit deux jours* : avant deux jours.
3. *tantôt* : tout à l'heure.
4. *chagrin* : mauvaise humeur.
5. *Égyptiens* : terme désignant des bohémiens qui donnaient des spectacles.
6. *Mores* : Arabes.

Questions

Compréhension

1. *La scène 8 est la seule scène où apparaisse le personnage de Louison. Cette scène, outre son caractère charmant et comique, est-elle indispensable ? Pourquoi ?*

2. *Louison est une petite fille rusée. Qu'est-ce qui le prouve ?*

3. *En quoi Argan apparaît-il, pour une fois, comme un être vraiment humain dans la scène 8 ?*

4. *À partir de quelle réplique Argan comprend-il enfin qu'il a été la dupe du maître à chanter ?*

5. *En quoi le personnage de Béralde, dans la scène 9, apparaît-il comme un secours pour Angélique ?*

Écriture

6. *Comment fonctionne le comique à partir de la première réplique d'Argan :* « Hé bien ? » *dans la scène 8 ? Quel en est le ressort principal ?*

7. *Pourquoi peut-on dire que les scènes 8 et 9 s'enchaînent parfaitement ?*

8. *En quoi la scène 9 est-elle une scène de transition ?*

9. *Imaginez un dialogue entre Louison et Angélique, après la scène 8.*

Mise en scène

10. *Pourquoi y a-t-il dans ces scènes davantage de didascalies• que dans les scènes précédentes ?*

11. *Quels rapports existent entre Argan et Louison ? Justifiez votre réponse. Comment une mise en scène pourrait-elle rendre compte de ces rapports ?*

12. *Après toutes ces « tornades », comment apparaît le personnage de Béralde ? Comment son costume pourrait-il rendre compte de cet aspect du personnage ? Qu'est-ce qui différencie son costume de ceux des autres personnages ? Imaginez un costume du* XVIIe *siècle et un costume du* XXe *siècle.*

SECOND INTERMÈDE

Le frère du Malade imaginaire lui amène, pour le divertir, plusieurs Égyptiens et Égyptiennes vêtus en Mores, qui font des danses entremêlées de chansons.

PREMIÈRE FEMME MORE.

Profitez du printemps
De vos beaux ans,
Aimable[1] jeunesse ;
Profitez du printemps
5 *De vos beaux ans,*
Donnez-vous à la tendresse.

Les plaisirs les plus charmants,
Sans l'amoureuse flamme[2],
Pour contenter une âme
10 *N'ont point d'attraits assez puissants.*

Profitez du printemps
De vos beaux ans,
Aimable jeunesse ;
Profitez du printemps
15 *De vos beaux ans,*
Donnez-vous à la tendresse.

Ne perdez point ces précieux moments ;
La beauté passe,
Le temps l'efface,
20 *L'âge de glace*
Vient à sa place,
Qui nous ôte le goût de ces doux passe-temps.

Profitez du printemps
De vos beaux ans,
25 *Aimable jeunesse ;*
Profitez du printemps
De vos beaux ans,
Donnez-vous à la tendresse.

---

1. *aimable* : digne d'être aimée.
2. *flamme* : passion.

SECONDE FEMME MORE.

Quand d'aimer on nous presse,
30 *À quoi songez-vous ?*
Nos cœurs dans la jeunesse
N'ont vers la tendresse
Qu'un penchant trop doux.
L'amour a, pour nous prendre,
35 *De si doux attraits*
Que de soi, sans attendre,
On voudrait se rendre
À ses premiers traits[1] *;*
Mais tout ce qu'on écoute[2]
40 *Des vives douleurs*
Et des pleurs qu'il nous coûte
Fait qu'on en redoute
Toutes les douceurs.

TROISIÈME FEMME MORE.

Il est doux, à notre âge,
45 *D'aimer tendrement*
Un amant
Qui s'engage ;
Mais, s'il est volage[3]*,*
Hélas ! quel tourment !

QUATRIÈME FEMME MORE.

50 *L'amant qui se dégage*[4]
N'est pas le malheur ;
La douleur
Et la rage,
C'est que le volage
55 *Garde notre cœur.*

---

1. *traits* : flèches (Cupidon, le dieu de l'Amour, est représenté avec un arc et des flèches qui percent les cœurs d'amour).
2. *écoute* : entend raconter sur.
3. *volage* : inconstant, infidèle.
4. *se dégage* : rompt.

SECONDE FEMME MORE.
Quel parti faut-il prendre
Pour nos jeunes cœurs ?

QUATRIÈME FEMME MORE.
Devons-nous nous y rendre
Malgré ses rigueurs ?

ENSEMBLE.
60 *Oui, suivons ses ardeurs,*
Ses transports, ses caprices,
Ses douces langueurs ;
S'il a quelques supplices,
Il a cent délices
65 *Qui charment les cœurs.*

ENTRÉE DE BALLET

Tous les Mores dansent ensemble et font sauter des singes qu'ils ont amenés avec eux.

Questions

Compréhension

1. *Quels sont les thèmes développés dans le second intermède ? Citez le texte.*

2. *Quelle fonction peut avoir le théâtre, d'après Béralde (acte II, scène 9) ? Comment se présente, à cet égard, le second intermède ? En quoi cela annonce-t-il l'acte III ?*

Écriture

3. *Sur quel rythme envisageriez-vous de faire chanter le second intermède, si vous étiez metteur en scène ?*

Mise en scène

4. *Le prologue met en scène des bergers et des bergères ; le premier intermède, Polichinelle aux prises avec des archers ; le second intermède, des Égyptiens. Pourquoi cette diversité, à votre avis ?*

Représentation de la pièce en 1674 dans les jardins de Versailles : au 1er plan, Louis XIV vu de dos. Gravure de Lepautre (1676), Bibliothèque de la Comédie française.

Bilan

L'action

• Ce que nous savons

Cléante se fait passer pour le maître à chanter d'Angélique afin de pénétrer chez elle. Arrivent alors monsieur Diafoirus flanqué de son fils Thomas, le prétendant d'Angélique, qui fait sa cour, à sa façon, à la jeune fille. Devant eux, Cléante et Angélique vont se déclarer leur amour, sous couvert d'un opéra qu'ils improvisent. Argan découvre la supercherie et renvoie Cléante, mais Béline le prévient que ce dernier est chez Angélique. Argan fait alors venir sa seconde fille, Louison, pour qu'elle lui apprenne ce qu'elle a vu entre Angélique et Cléante. La petite fille, sous la menace du fouet, finit par avouer que Cléante a fait des déclarations d'amour à Angélique. Arrive enfin le frère d'Argan, Béralde, qui vient plaider la cause de Cléante.

• À quoi nous attendre ?

Béralde va-t-il réussir à convaincre Argan ? Quel rôle peut jouer Toinette qui a surtout été spectatrice dans l'acte II ? Comment Angélique va-t-elle réussir à se débarrasser de monsieur Diafoirus et de son fils ? Béline va-t-elle être démasquée ?

Les personnages

• Ce que nous savons

Argan s'est montré humain avec Louison, mais reste bien entiché et de la médecine et de sa femme.

Angélique, jeune fille timide au premier acte, est devenue pleine d'ardeur pour s'opposer à Thomas Diafoirus, à Béline, et pour déclarer son amour à Cléante.

Cléante est l'amoureux type, maladroit, mais téméraire quand il s'agit d'arracher sa belle à un rival.

Les Diafoirus, père et fils, sont deux médecins bornés et imbus d'eux-mêmes, qui tiennent à la dot d'Angélique.

Béralde, le frère d'Argan, apparaît comme un homme de bon sens, qui doute de la maladie de son frère et veut qu'Angélique épouse un homme qui lui convienne.

• À quoi nous attendre ?

1. Toinette va-t-elle passer à l'action ? Comment ?

2. Argan va-t-il suivre la pente d'humanité sur laquelle la petite Louison l'a remis et renier les Diafoirus pour le bonheur de sa fille Angélique, ou bien va-t-il poursuivre Cléante de son hostilité ?

ACTE III

SCÈNE 1. BÉRALDE, ARGAN, TOINETTE

BÉRALDE. Hé bien ! mon frère, qu'en dites-vous ? Cela ne vaut-il pas une prise de casse• ?

TOINETTE. Hom ! de bonne casse est bonne[1].

BÉRALDE. Oh çà, voulez-vous que nous parlions un peu
5 ensemble ?

ARGAN. Un peu de patience, mon frère, je vais revenir.

TOINETTE. Tenez, monsieur, vous ne songez• pas que vous ne sauriez marcher sans bâton.

ARGAN. Tu as raison.

SCÈNE 2. BÉRALDE, TOINETTE

TOINETTE. N'abandonnez pas, s'il vous plaît, les intérêts de votre nièce.

BÉRALDE. J'emploierai toutes choses pour lui obtenir ce qu'elle souhaite.

5 TOINETTE. Il faut absolument empêcher ce mariage extravagant qu'il s'est mis dans la fantaisie[2], et j'avais songé en moi-même que ç'aurait été une bonne affaire de pouvoir introduire ici un médecin à notre poste[3] pour le dégoûter de son monsieur Purgon et lui décrier[4] sa conduite. Mais,
10 comme nous n'avons personne en main pour cela, j'ai résolu de jouer un tour de ma tête.

BÉRALDE. Comment ?

---

1. *de bonne casse est bonne* : une prise de bonne casse est une bonne chose.
2. *fantaisie* : imagination.
3. *à notre poste* : à notre convenance.
4. *décrier sa conduite* : ôter l'estime qu'on a pour lui.

TOINETTE. C'est une imagination burlesque[1]. Cela sera peut-être plus heureux que sage. Laissez-moi faire ; agissez
15 de votre côté. Voici notre homme.

SCÈNE 3. ARGAN, BÉRALDE

BÉRALDE. Vous voulez bien, mon frère, que je vous demande, avant toute chose, de ne vous point échauffer l'esprit[2] dans notre conversation.

ARGAN. Voilà qui est fait.

5 BÉRALDE. De répondre sans nulle aigreur[3] aux choses que je pourrais vous dire.

ARGAN. Oui.

BÉRALDE. Et de raisonner ensemble, sur les affaires dont nous avons à parler, avec un esprit détaché de toute
10 passion[4].

ARGAN. Mon Dieu, oui. Voilà bien du préambule[5].

BÉRALDE. D'où vient, mon frère, qu'ayant le bien que vous avez, et n'ayant d'enfants qu'une fille, car je ne compte pas la petite, d'où vient, dis-je, que vous parlez de la mettre
15 dans un couvent ?

ARGAN. D'où vient, mon frère, que je suis maître dans ma famille pour faire ce que bon me semble ?

BÉRALDE. Votre femme ne manque pas de vous conseiller de vous défaire[6] ainsi de vos deux filles, et je ne doute point
20 que, par un esprit de charité, elle ne fût ravie de les voir toutes deux bonnes religieuses.

ARGAN. Oh çà, nous y voici. Voilà d'abord• la pauvre femme en jeu[7]. C'est elle qui fait tout le mal, et tout le monde lui en veut.

---

1. *imagination burlesque* : invention comique.
2. *vous échauffer l'esprit* : vous mettre en colère.
3. *sans nulle aigreur* : sans se fâcher.
4. *passion* : colère.
5. *voilà bien du préambule* : voilà un début de discours bien long !
6. *vous défaire* : vous débarrasser.
7. *en jeu* : en cause.

25 BÉRALDE. Non, mon frère ; laissons-la là : c'est une femme qui a les meilleures intentions du monde pour votre famille, et qui est détachée de toute sorte d'intérêt ; qui a pour vous une tendresse merveilleuse, et qui montre pour vos enfants une affection et une bonté qui n'est pas concevable ; cela est
30 certain. N'en parlons point, et revenons à votre fille. Sur quelle pensée[1], mon frère, la voulez-vous donner en mariage au fils d'un médecin ?

ARGAN. Sur la pensée, mon frère, de me donner un gendre tel qu'il me faut.

35 BÉRALDE. Ce n'est point là, mon frère, le fait de[2] votre fille, et il se présente un parti plus sortable[3] pour elle.

ARGAN. Oui ; mais celui-ci, mon frère, est plus sortable pour moi.

BÉRALDE. Mais le mari qu'elle doit prendre doit-il être,
40 mon frère, ou pour elle, ou pour vous ?

ARGAN. Il doit être, mon frère, et pour elle et pour moi, et je veux mettre dans ma famille les gens dont j'ai besoin.

BÉRALDE. Par cette raison-là, si votre petite était grande, vous lui donneriez en mariage un apothicaire.

45 ARGAN. Pourquoi non ?

BÉRALDE. Est-il possible que vous serez[4] toujours embéguiné[5] de vos apothicaires et de vos médecins, et que vous vouliez être malade en dépit des gens et de la nature ?

ARGAN. Comment l'entendez-•vous, mon frère ?

50 BÉRALDE. J'entends, mon frère, que je ne vois point d'homme qui soit moins malade que vous, et que je ne demanderais point une meilleure constitution que la vôtre. Une grande marque que vous vous portez bien, et que vous avez un corps parfaitement bien composé[6], c'est qu'avec

1. *sur quelle pensée* : en songeant à quoi.
2. *le fait de* : ce qui conviendra à.
3. *plus sortable* : qui convient mieux.
4. *vous serez* : vous soyez.
5. *embéguiné* : qui n'a que cela dans la tête.
6. *composé* : constitué.

55 tous les soins que vous avez pris, vous n'avez pu parvenir encore à gâter la bonté de votre tempérament[1], et que vous n'êtes point crevé• de toutes les médecines qu'on vous a fait prendre.

ARGAN. Mais savez-vous, mon frère, que c'est cela qui me 60 conserve, et que monsieur Purgon dit que je succomberais s'il était seulement trois jours sans prendre soin de moi ?

BÉRALDE. Si vous n'y prenez pas garde, il prendra tant de soin de vous qu'il vous enverra en l'autre monde.

ARGAN. Mais raisonnons un peu, mon frère. Vous ne 65 croyez donc point à la médecine ?

BÉRALDE. Non, mon frère, et je ne vois pas que pour son salut, il soit nécessaire d'y croire.

ARGAN. Quoi ! vous ne tenez pas véritable une chose établie par tout le monde, et que tous les siècles ont 70 révérée[2] ?

BÉRALDE. Bien loin de la tenir véritable, je la trouve, entre nous, une des plus grandes folies qui soit parmi les hommes et, à regarder les choses en philosophe, je ne vois point de plus plaisante mômerie[3], je ne vois rien de plus ridicule 75 qu'un homme qui se veut mêler d'en guérir un autre.

ARGAN. Pourquoi ne voulez-vous pas, mon frère, qu'un homme puisse guérir un autre ?

BÉRALDE. Par la raison, mon frère, que les ressorts de notre machine[4] sont des mystères, jusques ici, où[5] les 80 hommes ne voient goutte et que la nature nous a mis au-devant des yeux des voiles trop épais pour y connaître quelque chose.

ARGAN. Les médecins ne savent donc rien, à votre compte[6] ?

1. *la bonté de votre tempérament* : votre bon état physique.
2. *révérée* : honorée.
3. *mômerie* : divertissement masqué (hypocrisie).
4. *les ressorts de notre machine* : les mécanismes de notre corps.
5. *où* : auxquels.
6. *à votre compte* : selon vous.

85 BÉRALDE. Si fait, mon frère. Ils savent la plupart de fort belles humanités[1], savent parler en beau latin, savent nommer en grec toutes les maladies, les définir et les diviser[2], mais, pour ce qui est de les guérir, c'est ce qu'ils ne savent point du tout.

90 ARGAN. Mais toujours faut-il demeurer d'accord que sur cette manière les médecins en savent plus que les autres.

BÉRALDE. Ils savent, mon frère, ce que je vous ai dit, qui ne guérit pas de grand-chose, et toute l'excellence de leur art* consiste en un pompeux galimatias[3], en un spécieux 95 babil[4], qui vous donne des mots pour des raisons[5] et des promesses pour des effets[6].

ARGAN. Mais enfin, mon frère, il y a des gens aussi sages et aussi habiles que vous ; et nous voyons que dans la maladie tout le monde a recours aux médecins.

100 BÉRALDE. C'est une marque de la faiblesse humaine, et non pas de la vérité de leur art.

ARGAN. Mais il faut bien que les médecins croient leur art véritable, puisqu'ils s'en servent pour eux-mêmes.

BÉRALDE. C'est qu'il y en a parmi eux qui sont eux-mêmes 105 dans l'erreur populaire, dont ils profitent, et d'autres qui en profitent sans y être. Votre monsieur Purgon, par exemple, n'y sait point de finesse[7] ; c'est un homme tout médecin, depuis la tête jusqu'aux pieds ; un homme qui croit à ses règles plus qu'à toutes les démonstrations des mathéma- 110 tiques, et qui croirait du crime à[8] les vouloir examiner ; qui ne voit rien d'obscur dans la médecine, rien de douteux,

1. *humanités* : études littéraires.
2. *diviser* : classer.
3. *pompeux galimatias* : discours prétentieux.
4. *spécieux babil* : bavardage qui a bel apparence, mais ne veut pas dire grand-chose.
5. *qui vous donne des mots pour des raisons* : qui parle pour ne rien dire au lieu d'expliquer les raisons.
6. *des promesses pour des effets* : qui n'obtient aucune guérison réelle (*effets*) mais fait sans cesse la promesse de guérir.
7. *n'y sait point de finesse* : ne cherche pas à tromper.
8. *qui croirait du crime à* : qui croirait qu'il y a crime à.

rien de difficile, et qui, avec une impétuosité de prévention[1], une raideur de confiance, une brutalité de sens commun et de raison[2], donne au travers[3] des purgations et
115 des saignées, et ne balance[4] aucune chose. Il ne lui faut point vouloir mal de tout ce qu'il pourra vous faire ; c'est de la meilleure foi du monde qu'il vous expédiera[5], et il ne fera, en vous tuant, que ce qu'il fait à sa femme et à ses enfants, et ce qu'en un besoin[6] il ferait à lui-même.

120 ARGAN. C'est que vous avez, mon frère, une dent de lait[7] contre lui. Mais, enfin, venons au fait. Que faire donc quand on est malade ?

BÉRALDE. Rien, mon frère.

ARGAN. Rien ?

125 BÉRALDE. Rien. Il ne faut que demeurer en repos. La nature, d'elle-même, quand nous la laissons faire, se tire doucement du désordre où elle est tombée. C'est notre inquiétude, c'est notre impatience qui gâte tout, et presque tous les hommes meurent de leurs remèdes, et non pas de
130 leurs maladies.

ARGAN. Mais il faut demeurer d'accord, mon frère, qu'on peut aider cette nature par de certaines choses.

BÉRALDE. Mon Dieu, mon frère, ce sont pures idées dont nous aimons à nous repaître[8], et de tout temps il s'est glissé
135 parmi les hommes de belles imaginations que nous venons à croire, parce qu'elles nous flattent, et qu'il serait à souhaiter qu'elles fussent véritables. Lorsqu'un médecin vous parle d'aider, de secourir, de soulager la nature, de lui ôter ce qui lui nuit et lui donner ce qui lui manque, de la

---

1. *impétuosité de prévention* : force de préjugé.
2. *une brutalité de sens commun et de raison* : un manque d'intelligence et de bon sens.
3. *donne au travers* : se jette sans réfléchir dans.
4. *ne balance* : n'examine.
5. *expédiera* : tuera (expédiera dans l'autre monde).
6. *en un besoin* : au besoin.
7. *vous avez une dent de lait contre lui* : vous lui en voulez depuis longtemps.
8. *repaître* : délecter.

140 rétablir et de la remettre dans une pleine facilité de ses fonctions[1], lorsqu'il vous parle de rectifier[2] le sang, de tempérer[3] les entrailles et le cerveau, de dégonfler la rate, de raccommoder[4] la poitrine, de réparer le foie, de fortifier le cœur, de rétablir et conserver la chaleur naturelle, et d'avoir 145 des secrets pour étendre la vie à de longues années, il vous dit justement le roman de la médecine. Mais, quand vous venez à la vérité et à l'expérience, vous ne trouvez rien de tout cela, et il en est comme de ces beaux songes qui ne vous laissent au réveil que le déplaisir de les avoir crus.

150 ARGAN. C'est-à-dire que toute la science du monde est renfermée dans votre tête, et vous voulez en savoir plus que tous les grands médecins de notre siècle.

BÉRALDE. Dans les discours et dans les choses, ce sont deux sortes de personnes que vos grands médecins : enten- 155 dez-les parler, les plus habiles du monde ; voyez-les faire, les plus ignorants de tous les hommes.

ARGAN. Ouais ! Vous êtes un grand docteur[5], à ce que je vois, et je voudrais bien qu'il y eût ici quelqu'un de ces messieurs pour rembarrer[6] vos raisonnements et rabaisser 160 votre caquet[7].

BÉRALDE. Moi, mon frère, je ne prends point à tâche de combattre la médecine, et chacun, à ses périls et fortune[8], peut croire tout ce qu'il lui plaît. Ce que j'en dis n'est qu'entre nous, et j'aurais souhaité de pouvoir un peu vous 165 tirer de l'erreur où vous êtes, et, pour vous divertir, vous mener voir, sur ce chapitre, quelqu'une des comédies de Molière.

---

1. *la remettre dans une pleine facilité de ses fonctions* : la rétablir pour lui permettre de fonctionner sans problème.
2. *rectifier* : purifier.
3. *tempérer* : rafraîchir.
4. *raccommoder* : remettre en ordre.
5. *docteur* : savant.
6. *rembarrer* : rejeter.
7. *rabaisser votre caquet* : vous rendre moins orgueilleux.
8. *à ses périls et fortune* : à ses risques et périls.

ARGAN. C'est un bon impertinent• que votre Molière avec ses comédies, et je le trouve bien plaisant[1] d'aller jouer[2]
170 d'honnêtes gens comme les médecins.

BÉRALDE. Ce ne sont point les médecins qu'il joue, mais le ridicule de la médecine.

ARGAN. C'est bien à lui de se mêler de contrôler la médecine ! Voilà un bon nigaud, un bon impertinent, de se
175 moquer des consultations et des ordonnances, de s'attaquer au corps des médecins, et d'aller mettre sur son théâtre des personnes vénérables comme ces messieurs-là.

BÉRALDE. Que voulez-vous qu'il y mette, que les diverses professions des hommes? On y met bien tous les jours les
180 princes et les rois, qui sont d'aussi bonne maison que les médecins.

ARGAN. Par la mort non de diable[3] ! si j'étais que• des médecins, je me vengerais de son impertinence et, quand il sera malade, je le laisserais mourir sans secours. Il aurait
185 beau faire et beau dire, je ne lui ordonnerais• pas la moindre petite saignée, le moindre petit lavement, et je lui dirais : « Crève•, crève, cela t'apprendra une autre fois à te jouer à[4] la Faculté. »

BÉRALDE. Vous voilà bien en colère contre lui.

190 ARGAN. Oui, c'est un malavisé[5], et, si les médecins sont sages, ils feront ce que je dis.

BÉRALDE. Il sera encore plus sage que vos médecins, car il ne leur demandera point de secours.

ARGAN. Tant pis pour lui, s'il n'a point recours aux
195 remèdes.

BÉRALDE. Il a ses raisons pour n'en point vouloir, et il soutient que cela n'est permis qu'aux gens vigoureux et

---

1. *plaisant* : qui fait rire (ici, terme ironique).
2. *jouer* : représenter au théâtre et tourner en ridicule.
3. *par la mort non de diable* : juron qui permet de ne pas prononcer le nom de Dieu (en fait : *par la mort de Dieu*).
4. *te jouer à* : t'attaquer à.
5. *malavisé* : sot.

robustes et qui ont des forces de reste pour porter[1] les remèdes avec la maladie ; mais que, pour lui, il n'a juste-
200 ment de la force que pour porter son mal.

ARGAN. Les sottes raisons que voilà ! Tenez, mon frère, ne parlons point de cet homme-là davantage, car cela m'échauffe la bile•, et vous me donneriez mon mal.

BÉRALDE. Je le veux bien, mon frère, et, pour changer de
205 discours, je vous dirai que, sur une petite répugnance[2] que vous témoigne votre fille, vous ne devez point prendre les résolutions violentes de la mettre dans un couvent ; que, pour le choix d'un gendre, il ne vous faut pas suivre aveuglément la passion qui vous emporte, et qu'on doit, sur
210 cette matière, s'accommoder• un peu à l'inclination• d'une fille, puisque c'est pour toute la vie, et que de là dépend tout le bonheur d'un mariage.

Le Malade imaginaire, *de Daumier (1808-1879), Institut Courtauld.*

1. *porter* : supporter.
2. *répugnance* : répulsion, recul.

Questions

Compréhension

1. *Quelle révélation essentielle pour la suite de l'intrigue Toinette fait-elle à Béralde à la scène 2 ?*

2. *D'après ce qui précède, quel devrait être le sujet de la scène 3 ? Ce sujet apparaît-il ? Où ? En réalité, quel est le véritable sujet de la scène 3 ?*

3. *Quel sentiment guide Argan dans le choix de son gendre ? Justifiez votre réponse en étudiant les pronoms personnels entre la ligne 33 et la ligne 42 (de Argan :* « Sur la pensée, mon frère... » *à Argan :* « ... dont j'ai besoin. »).

Écriture

4. *D'où naît le comique de la scène 1 ? Où cette scène a-t-elle déjà eu lieu ? Que permet à chaque fois cette éclipse d'Argan ?*

5. *Pourquoi ce qu'Argan appelle* « le préambule » *de Béralde se révèle-t-il nécessairement comique ? À quelle autre pièce de Molière cela vous fait-il penser ?*

6. *Quels sont les deux arguments qui font que Béralde — et Molière — refuse de se faire soigner ? Le premier apparaît à deux reprises, encadrant, d'une certaine façon, le discours de Béralde sur la médecine. Pouvez-vous citer ces deux répliques ?*

7. *Relevez le champ lexical du faux-semblant, à partir de la réplique de Béralde :* « Bien loin de la tenir véritable, je la trouve... » *(ligne 71), jusqu'à la réplique de Béralde :* « ... le ridicule de la médecine. » *(ligne 171) À quoi s'applique ce champ lexical ? Qu'est-ce que cela prouve ?*

8. *Faites le portrait de monsieur Purgon.*

Mise en scène

9. *En quoi le fait que Molière se mette lui-même en scène, par la bouche de Béralde, est-il à la fois comique et pathétique ? Quelle réaction Argan a-t-il quand on parle de Molière ? Quel effet cela produit-il ?*

10. *La scène 3 est un peu statique. Que pourrait-on imaginer comme mise en scène pour la rendre aussi vivante que les autres scènes de la pièce ? Quels accessoires, par exemple, pourrait-on ajouter à ce moment-là ?*

SCÈNE 4. MONSIEUR FLEURANT, *une seringue*[1] *à la main ;* ARGAN, BÉRALDE

ARGAN. Ah ! mon frère, avec votre permission.

BÉRALDE. Comment ! que voulez-vous faire ?

ARGAN. Prendre ce petit lavement-là, ce sera bientôt fait.

BÉRALDE. Vous vous moquez. Est-ce que vous ne sauriez
5 être un moment sans lavement ou sans médecine[2] ? Remettez cela à une autre fois, et demeurez un peu en repos.

ARGAN. Monsieur Fleurant, à ce soir ou à demain au matin.

MONSIEUR FLEURANT, *à Béralde.* De quoi vous mêlez-vous
10 de vous opposer aux ordonnances de la médecine et d'empêcher monsieur de prendre mon clystère• ? Vous êtes bien plaisant• d'avoir cette hardiesse-là !

BÉRALDE. Allez, monsieur ; on voit bien que vous n'avez pas accoutumé de parler à des visages.

15 MONSIEUR FLEURANT. On ne doit point ainsi se jouer des[3] remèdes et me faire perdre mon temps. Je ne suis venu ici que sur une bonne ordonnance[4], et je vais dire à monsieur Purgon comme[5] on m'a empêché d'exécuter ses ordres et de faire ma fonction. Vous verrez, vous verrez...

20 ARGAN. Mon frère, vous serez cause[6] ici de quelque malheur.

BÉRALDE. Le grand malheur de ne pas prendre un lavement que monsieur Purgon a ordonné ! Encore un coup[7], mon frère, est-il possible qu'il n'y ait pas moyen de vous
25 guérir de la maladie des médecins, et que vous voulez être toute votre vie enseveli dans leurs remèdes ?

---

1. *seringue :* seringue pour les lavements.
2. *médecine :* remède.
3. *se jouer de :* se moquer.
4. *une bonne ordonnance :* une ordonnance établie selon les règles.
5. *comme :* comment.
6. *vous serez cause :* vous serez la cause.
7. *encore un coup :* encore une fois.

ARGAN. Mon Dieu, mon frère, vous en parlez comme un homme qui se porte bien ; mais, si vous étiez à ma place, vous changeriez bien de langage. Il est aisé de parler contre
30 la médecine quand on est en pleine santé.

BÉRALDE. Mais quel mal avez-vous ?

ARGAN. Vous me feriez enrager. Je voudrais que vous l'eussiez, mon mal, pour voir si vous jaseriez[1] tant. Ah ! voici monsieur Purgon.

SCÈNE 5. MONSIEUR PURGON, ARGAN, BÉRALDE, TOINETTE

MONSIEUR PURGON. Je viens d'apprendre là-bas, à la porte, de jolies nouvelles : qu'on se moque ici de mes ordonnances, et qu'on a fait refus de prendre le remède que j'avais prescrit.

5 ARGAN. Monsieur, ce n'est pas...

MONSIEUR PURGON. Voilà une hardiesse bien grande, une étrange rébellion d'un malade contre son médecin.

TOINETTE. Cela est épouvantable.

MONSIEUR PURGON. Un clystère• que j'avais pris plaisir à
10 composer moi-même.

ARGAN. Ce n'est pas moi.

MONSIEUR PURGON. Inventé et formé dans toutes les règles de l'art.

TOINETTE. Il a tort.

15 MONSIEUR PURGON. Et qui devait faire dans les entrailles un effet merveilleux.

ARGAN. Mon frère...

MONSIEUR PURGON. Le renvoyer avec mépris !

ARGAN. C'est lui...

---

1. *jaser* : parler, médire.

20 MONSIEUR PURGON. C'est une action exorbitante[1].

TOINETTE. Cela est vrai.

MONSIEUR PURGON. Un attentat énorme contre la médecine.

ARGAN. Il est cause...

25 MONSIEUR PURGON. Un crime de lèse-Faculté[2] qui ne se peut assez punir.

TOINETTE. Vous avez raison.

MONSIEUR PURGON. Je vous déclare que je romps commerce[3] avec vous.

30 ARGAN. C'est mon frère...

MONSIEUR PURGON. Que je ne veux plus d'alliance[4] avec vous.

TOINETTE. Vous ferez bien.

MONSIEUR PURGON. Et que, pour finir toute liaison avec
35 vous, voilà la donation que je faisais à mon neveu en faveur du mariage. *(Il déchire violemment la donation.)*

ARGAN. C'est mon frère qui a fait tout le mal.

MONSIEUR PURGON. Mépriser mon clystère• !

ARGAN. Faites-le venir, je m'en vais le prendre.

40 MONSIEUR PURGON. Je vous aurais tiré d'affaire avant qu'il fût peu.

TOINETTE. Il ne le mérite pas.

MONSIEUR PURGON. J'allais nettoyer votre corps et en évacuer entièrement les mauvaises humeurs[5].

45 ARGAN. Ah ! mon frère !

---

1. *exorbitante* : contre les convenances, les règles.
2. *un crime de lèse-Faculté* : jeu de mots. L'expression est copiée de : *un crime de lèse-majesté*. Donc, c'est une action qui porte atteinte à la grandeur de la Faculté.
3. *je romps commerce* : je ne veux plus avoir de relations.
4. *je ne veux plus d'alliance* : je romps le mariage entre Thomas Diafoirus et Angélique.
5. *les mauvaises humeurs* : les liquides viciés qui se trouvent dans le corps.

MONSIEUR PURGON. Et je ne voulais qu'une douzaine de médecines pour vider le fond du sac[1].

TOINETTE. Il est indigne de vos soins.

MONSIEUR PURGON. Mais, puisque vous n'avez pas voulu
50 guérir par mes mains...

ARGAN. Ce n'est pas ma faute.

MONSIEUR PURGON. Puisque vous vous êtes soustrait de l'obéissance que l'on doit à son médecin...

TOINETTE. Cela crie vengeance.

55 MONSIEUR PURGON. Puisque vous vous êtes déclaré rebelle aux remèdes que je vous ordonnais...

ARGAN. Hé ! point du tout.

MONSIEUR PURGON. J'ai à vous dire que je vous abandonne à votre mauvaise constitution, à l'intempérie• de vos
60 entrailles, à la corruption[2] de votre sang, à l'âcreté de votre bile• et à la féculence[3] de vos humeurs.

TOINETTE. C'est fort bien fait.

ARGAN. Mon Dieu !

MONSIEUR PURGON. Et je veux qu'avant qu'il soit quatre
65 jours vous deveniez dans un état incurable[4].

ARGAN. Ah ! miséricorde !

MONSIEUR PURGON. Que vous tombiez dans la bradypepsie[5].

ARGAN. Monsieur Purgon !

70 MONSIEUR PURGON. De la bradypepsie dans la dyspepsie[6].

ARGAN. Monsieur Purgon !

MONSIEUR PURGON. De la dyspepsie dans l'apepsie[7].

---

1. *vider le fond du sac* : vous nettoyer entièrement.
2. *corruption* : décomposition.
3. *la féculence de vos humeurs* : l'impureté de vos humeurs.
4. *incurable* : qu'on ne peut guérir.
5. *bradypepsie* : digestion lente.
6. *dyspepsie* : digestion difficile.
7. *apepsie* : absence de digestion.

ARGAN. Monsieur Purgon !

MONSIEUR PURGON. De l'apepsie dans la lienterie[1].

75 ARGAN. Monsieur Purgon !

MONSIEUR PURGON. De la lienterie dans la dysenterie[2].

ARGAN. Monsieur Purgon !

MONSIEUR PURGON. De la dysenterie dans l'hydropisie[3].

ARGAN. Monsieur Purgon !

80 MONSIEUR PURGON. Et de l'hydropisie dans la privation de la vie, où vous aura conduit votre folie.

SCÈNE 6. ARGAN, BÉRALDE

ARGAN. Ah ! mon Dieu, je suis mort. Mon frère, vous m'avez perdu.

BÉRALDE. Quoi ? qu'y a-t-il ?

ARGAN. Je n'en puis plus. Je sens déjà que la médecine se
5 venge.

BÉRALDE. Ma foi, mon frère, vous êtes fou, et je ne voudrais pas, pour beaucoup de choses, qu'on vous vît faire ce que vous faites. Tâtez-vous[4] un peu, je vous prie ; revenez à vous-même et ne donnez point tant à[5] votre
10 imagination.

ARGAN. Vous voyez, mon frère, les étranges maladies dont il m'a menacé.

BÉRALDE. Le simple homme[6] que vous êtes !

ARGAN. Il dit que je deviendrai incurable avant qu'il soit
15 quatre jours.

1. *lienterie* : diarrhée.
2. *dysenterie* : diarrhée très grave.
3. *hydropisie* : accumulation d'eau.
4. *tâtez-vous* : réfléchissez.
5. *ne donnez point tant à* : ne vous laissez pas tant aller à.
6. *le simple homme* : l'homme crédule (qui croit tout ce qu'on lui dit).

BÉRALDE. Et ce qu'il dit, que fait-il à la chose ? Est-ce un oracle[1] qui a parlé ? Il semble, à vous entendre, que monsieur Purgon tienne dans sa main le filet[2] de vos jours, et que, d'autorité suprême, il vous l'allonge et vous le
20 raccourcisse comme il lui plaît. Songez que les principes de votre vie sont en vous-même, et que le courroux[3] de monsieur Purgon est aussi peu capable de vous faire mourir que ses remèdes de vous faire vivre. Voici une aventure, si vous voulez, à vous défaire des médecins ; ou, si vous êtes
25 né à ne pouvoir vous en passer, il est aisé d'en avoir un autre avec lequel, mon frère, vous puissiez courir un peu moins de risque.

ARGAN. Ah ! mon frère, il sait tout mon tempérament[4] et la manière dont il faut me gouverner[5].

30 BÉRALDE. Il faut vous avouer que vous êtes un homme d'une grande prévention, et que vous voyez les choses avec d'étranges yeux.

Béralde et Argan dans une mise en scène de J.-M. Villegier et C. Galland, TMP Châtelet, 1990.

1. *un oracle* : celui par la bouche de qui les dieux livrent les secrets du destin des hommes.
2. *le filet* : allusion aux Parques qui tissaient et coupaient la vie. Ici : la durée de la vie.
3. *le courroux* : la colère.
4. *tempérament* : constitution physique.
5. *gouverner* : soigner.

Questions

Compréhension

1. *La seule apparition de monsieur Fleurant se sera faite dans la scène 4. En quoi est-ce un personnage comique ?*

2. *En quoi les deux dernières répliques (Béralde, puis Argan) de la scène 4 sont-elles comiques ?*

3. *Pourquoi Béralde se taît-il dans la scène 5 ?*

4. *Qu'ont de comique les répliques de Toinette dans la scène 5 ?*

5. *Le personnage de monsieur Purgon est-il conforme au portrait qui en a été tracé précédemment ?*

6. *Quel est le résultat de la scène 5 sur Argan ? Quel trait de caractère cela révèle-t-il chez lui ? Citez le texte pour justifier votre réponse.*

Écriture

7. *Étudiez la ponctuation de la scène 5. Pour les répliques de quel personnage l'auteur utilise-t-il d'abord les points d'exclamation, puis les points de suspension ? À quoi sert cette ponctuation ?*

8. *Qu'ont en commun les maladies dont monsieur Purgon menace Argan ? Quel effet cela produit-il ?*

9. *Quels arguments de bon sens Béralde oppose-t-il à l'attitude d'Argan dans la scène 6 ? En quoi cela prépare-t-il la scène 7 ?*

10. *Imaginez le court dialogue qui a eu lieu entre monsieur Fleurant et monsieur Purgon entre les scènes 4 et 5.*

Mise en scène

11. *Imaginez quelles attitudes de monsieur Fleurant vis-à-vis d'Argan peuvent justifier la remarque de Béralde :* « Allez, monsieur, on voit bien que vous n'avez pas accoutumé de parler à des visages. »

12. *Imaginez l'entrée de monsieur Purgon sur scène. Quels seront sa démarche, ses gestes ? Faites correspondre une attitude à chacune de ses répliques.*

13. *Si vous deviez accompagner les répliques de monsieur Purgon de musique, quel(s) instrument(s) choisiriez-vous ? Pourquoi ?*

SCÈNE 7. TOINETTE, ARGAN, BÉRALDE

TOINETTE. Monsieur, voilà un médecin qui demande à vous voir.

ARGAN. Et quel médecin ?

TOINETTE. Un médecin de la médecine.

5 ARGAN. Je te demande qui il est.

TOINETTE. Je ne le connais pas ; mais il me ressemble comme deux gouttes d'eau et, si je n'étais sûre que ma mère était honnête femme, je dirais que ce serait[1] quelque petit frère qu'elle m'aurait donné depuis le trépas de mon père.

10 ARGAN. Fais-le venir.

BÉRALDE. Vous êtes servi à souhait. Un médecin vous quitte, un autre se présente.

ARGAN. J'ai bien peur que vous ne soyez cause de quelque malheur.

15 BÉRALDE. Encore ! Vous en revenez toujours là.

ARGAN. Voyez-vous, j'ai sur le cœur toutes ces maladies-là que je ne connais point, ces...

SCÈNE 8. TOINETTE, *en médecin*, ARGAN, BÉRALDE

TOINETTE. Monsieur, agréez que[2] je vienne vous rendre visite et vous offrir mes petits services pour toutes les saignées et les purgations dont vous aurez besoin.

ARGAN. Monsieur, je vous suis fort obligé[3]. Par ma foi, 5 voilà Toinette elle-même.

TOINETTE. Monsieur, je vous prie de m'excuser, j'ai oublié de donner une commission à mon valet, je reviens tout à l'heure•.

---

1. *que ce serait* : en français moderne : *que c'est.*
2. *agréez que* : acceptez que.
3. *obligé* : reconnaissant.

ARGAN. Eh ! ne diriez-vous pas que c'est effectivement
10 Toinette ?

BÉRALDE. Il est vrai que la ressemblance est tout à fait grande ; mais ce n'est pas la première fois qu'on a vu de ces sortes de choses, et les histoires ne sont pleines que de ces jeux de la nature.

15 ARGAN. Pour moi, j'en suis surpris, et...

SCÈNE 9. TOINETTE, ARGAN, BÉRALDE

TOINETTE *quitte son habit de médecin si promprement*[1] *qu'il est difficile de croire que ce soit elle qui a paru en médecin.* Que voulez-vous, monsieur ?

ARGAN. Comment ?

5 TOINETTE. Ne m'avez-vous pas appelée ?

ARGAN. Moi ? non.

TOINETTE. Il faut donc que les oreilles m'aient corné[2].

ARGAN. Demeure un peu ici pour voir comme ce médecin te ressemble.

10 TOINETTE, *en sortant, dit :* Oui, vraiment ! J'ai affaire là-bas et je l'ai assez vu.

ARGAN. Si je ne les voyais tous deux, je croirais que ce n'est qu'un.

BÉRALDE. J'ai lu des choses surprenantes[3] de ces sortes de
15 ressemblance, et nous en avons vu, de notre temps, où tout le monde s'est trompé.

1. *promptement :* rapidement.
2. *que les oreilles m'aient corné :* que j'aie entendu des voix là où personne ne parlait.
3. *de :* sur.

ARGAN. Pour moi, j'aurais été trompé à celle-là, et j'aurais juré que c'est la même personne.

SCÈNE 10. TOINETTE, *en médecin,* ARGAN, BÉRALDE

TOINETTE. Monsieur, je vous demande pardon de tout mon cœur.

ARGAN. Cela est admirable !

TOINETTE. Vous ne trouverez pas mauvais, s'il vous plaît,
5 la curiosité que j'ai eue de voir un illustre malade comme vous êtes, et votre réputation, qui s'étend partout, peut excuser la liberté que j'ai prise.

ARGAN. Monsieur, je suis votre serviteur[1].

TOINETTE. Je vois, monsieur, que vous me regardez fixe-
10 ment. Quel âge croyez-vous bien que j'aie ?

ARGAN. Je crois que tout au plus vous pouvez avoir vingt-six ou vingt-sept ans...

TOINETTE. Ah ! ah ! ah ! ah ! ah ! J'en ai quatre-vingt-dix.

ARGAN. Quatre-vingt-dix ?

15 TOINETTE. Oui. Vous voyez un effet des secrets de mon art, de me conserver ainsi frais et vigoureux.

ARGAN. Par ma foi, voilà un beau jeune vieillard pour quatre-vingt-dix ans.

TOINETTE. Je suis médecin passager[2], qui vais de ville en
20 ville, de province en province, de royaume en royaume, pour chercher d'illustres matières à ma capacité[3], pour trouver des malades dignes de m'occuper, capables d'exercer les grands et beaux secrets que j'ai trouvés dans la médecine. Je dédaigne de m'amuser à ce menus fatras[4] de

1. *je suis votre serviteur* : forme de politesse pour saluer quelqu'un.
2. *passager* : ambulant.
3. *d'illustres matières à ma capacité* : des sujets dignes de ma compétence.
4. *fatras* : amas sans intérêt.

25 maladies ordinaires, à ces bagatelles de rhumatismes et de fluxions[1], à ces fiévrotes[2], à ces vapeurs[3] et à ces migraines. Je veux des maladies d'importance, de bonnes fièvres continues, avec des transports au cerveau[4], de bonnes fièvres pourprées[5], de bonnes pestes, de bonnes hydro-
30 pisies formées[6], de bonnes pleurésies[7], avec des inflammations de poitrine : c'est là que je me plais, c'est là que je triomphe ; et je voudrais, monsieur, que vous eussiez toutes les maladies que je viens de dire, que vous fussiez abandonné de tous les médecins, désespéré, à l'agonie, pour
35 vous montrer l'excellence de mes remèdes, et l'envie que j'aurais[8] de vous rendre service.

ARGAN. Je vous suis obligé•, monsieur, des bontés que vous avez pour moi.

TOINETTE. Donnez-moi votre pouls. Allons donc, que l'on
40 batte comme il faut. Ah ! je vous ferai bien aller comme vous devez. Ouais ! ce pouls-là fait l'impertinent ; je vois bien que vous ne me connaissez pas encore. Qui est votre médecin ?

ARGAN. Monsieur Purgon.

45 TOINETTE. Cet homme-là n'est point écrit sur mes tablettes[9] entre[10] les grands médecins. De quoi dit-il que vous êtes malade ?

ARGAN. Il dit que c'est du foie, et d'autres disent que c'est la rate.

50 TOINETTE. Ce sont tous des ignorants. C'est du poumon que vous êtes malade.

ARGAN. Du poumon ?

---

1. *fluxions* : accumulations de liquide.
2. *fiévrotes* : petites fièvres.
3. *vapeurs* : étourdissements.
4. *des transports au cerveau* : des délires.
5. *fièvres pourprées* : fièvres avec des taches rouges (rougeole, etc.).
6. *hydropisies formées* : accumulations d'eau parvenues à un stade très avancé.
7. *pleurésies* : inflammations du poumon.
8. *j'aurais* : j'ai.
9. *cet homme-là n'est point écrit sur mes tablettes* : je ne le connais pas.
10. *entre* : parmi.

TOINETTE. Oui. Que sentez-vous ?

ARGAN. Je sens de temps en temps des douleurs de tête.

55 TOINETTE. Justement, le poumon.

ARGAN. Il me semble parfois que j'ai un voile devant les yeux.

TOINETTE. Le poumon.

ARGAN. J'ai quelquefois des maux de cœur.

60 TOINETTE. Le poumon.

ARGAN. Je sens parfois des lassitudes par[1] tous les membres.

TOINETTE. Le poumon.

ARGAN. Et quelquefois il me prend des douleurs dans le
65 ventre, comme si c'étaient des coliques.

TOINETTE. Le poumon. Vous avez appétit à[2] ce que vous mangez ?

ARGAN. Oui, monsieur.

TOINETTE. Le poumon. Vous aimez à boire un peu de
70 vin ?

ARGAN. Oui, monsieur.

TOINETTE. Le poumon. Il vous prend un petit sommeil après le repas, et vous êtes bien aise de dormir ?

ARGAN. Oui, monsieur.

75 TOINETTE. Le poumon, le poumon, vous dis-je. Que vous ordonne• votre médecin pour votre nourriture ?

ARGAN. Il m'ordonne du potage.

TOINETTE. Ignorant !

ARGAN. De la volaille.

80 TOINETTE. Ignorant !

ARGAN. Du veau.

---

1. *par* : dans.
2. *vous avez appétit à* : vous avez de l'appétit pour.

TOINETTE. Ignorant !

ARGAN. Des bouillons.

TOINETTE. Ignorant !

85 ARGAN. Des œufs frais.

TOINETTE. Ignorant !

ARGAN. Et, le soir, de petits pruneaux pour lâcher[1] le ventre.

TOINETTE. Ignorant !

90 ARGAN. Et surtout de boire mon vin fort trempé[2].

TOINETTE. *Ignorantus, ignoranta, ignorantum !*[3] Il faut boire votre vin pur ; et, pour épaissir votre sang, qui est trop subtil[4], il faut manger du bon gros bœuf, de bon gros porc, de bon fromage de Hollande, du gruau[5] et du riz, et des 95 marrons et des oublies[6], pour coller et conglutiner[7]. Votre médecin est une bête. Je veux vous en envoyer un de ma main[8], et je viendrai vous voir de temps en temps tandis que[9] je serai en cette ville.

ARGAN. Vous m'obligerez• beaucoup.

100 TOINETTE. Que diantre[10] faites-vous de ce bras-là ?

ARGAN. Comment ?

TOINETTE. Voilà un bras que je me ferais couper tout à l'heure•, si j'étais que de• vous.

ARGAN. Et pourquoi ?

105 TOINETTE. Ne voyez-vous pas qu'il tire à soi toute la nourriture, et qu'il empêche ce côté-là de profiter ?

---

1. *lâcher* : relâcher.
2. *vin trempé* : vin mêlé d'eau.
3. *ignorantus, ignoranta, ignorantum* : nominatif masculin, féminin et neutre d'un adjectif latinisé (mais faussement latin) qui signifie *ignorant*.
4. *subtil* : liquide, dilué.
5. *gruau* : grain d'avoine.
6. *oublies* : pâtisseries (sorte de gauffres).
7. *conglutiner* : épaissir.
8. *de ma main* : que j'ai formé.
9. *tandis que* : tant que.
10. *diantre* : diable.

ARGAN. Oui, mais j'ai besoin de mon bras.

TOINETTE. Vous avez là aussi un œil droit que je me ferais crever, si j'étais en votre place.

110 ARGAN. Crever un œil ?

TOINETTE. Ne voyez-vous pas qu'il incommode[1] l'autre et lui dérobe[2] sa nourriture ? Croyez-moi, faites-vous le crever au plus tôt, vous en verrez plus clair de l'œil gauche.

ARGAN. Cela n'est pas pressé.

115 TOINETTE. Adieu. Je suis fâché de vous quitter si tôt, mais il faut que je me trouve à une grande consultation qui se doit faire pour un homme qui mourut hier.

ARGAN. Pour un homme qui mourut hier ?

TOINETTE. Oui, pour aviser[3] et voir ce qu'il aurait fallu lui
120 faire pour le guérir. Jusqu'au revoir.

ARGAN. Vous savez que les malades ne reconduisent point.

BÉRALDE. Voilà un médecin qui paraît fort habile.

ARGAN. Oui, mais il va un peu bien vite.

125 BÉRALDE. Tous les grands médecins sont comme cela.

ARGAN. Me couper un bras, me crever un œil, afin que l'autre se porte mieux ! J'aime bien mieux qu'il ne se porte pas si bien. La belle opération de me rendre borgne et manchot !

1. *incommode* : gêne.
2. *dérobe* : vole.
3. *aviser* : réfléchir.

Questions

Compréhension

1. *Quelle précaution Toinette prend-elle dans la scène 7, avant de s'introduire déguisée en médecin ?*

2. *Justifiez la réplique de Toinette dans la scène 8 :* « Monsieur, je vous prie de m'excuser, j'ai oublié de donner une commission à mon valet, je reviens tout à l'heure. »

3. *À quoi sert la scène 9 ? Et, en particulier, la didascalie• qui la précède ?*

4. *Relevez toutes les répliques qui prouvent qu'Argan a de sérieux doutes sur l'identité de ce nouveau médecin.*

5. *Comment Béralde va-t-il aider Toinette tout au long de ces scènes ?*

6. *Quel but poursuit Toinette tout au long de la scène 10 ? Faites la liste des arguments qu'elle développe. Montrez qu'il y a un* crescendo. *Pourquoi peut-on dire qu'elle semble avoir atteint son but ?*

7. *Dans quelle autre pièce de Molière trouve-t-on des répliques de sens semblable à celles de Toinette dans la scène 10 :* « Je voudrais, monsieur, que vous eussiez toutes les maladies que je viens de dire... » *et* « pour aviser et voir ce qu'il aurait fallu lui faire pour le guérir. » *Les situations sont-elles exactement les mêmes ?*

Écriture

8. *Sur quel procédé le comique de la scène 10 repose-t-il ? Montrez-en et expliquez-en plusieurs exemples.*

9. *Dans l'interrogatoire que Toinette fait subir à Argan, quels sont les deux moments où l'on frôle le tragique pour finalement aboutir au comique ?*

10. *En quoi la consultation de Toinette est-elle semblable à ou diffère-t-elle de celle de monsieur Diafoirus et de son fils ? Quel est donc le but recherché par Molière ?*

11. *Imaginez qu'Argan écrive une lettre à sa sœur, la vieille tante d'Angélique, pour lui raconter la visite de cet extraordinaire médecin.*

Mise en scène

12. *Quelle voix feriez-vous prendre à Toinette médecin si vous étiez metteur en scène ? Envisagez plusieurs possibilités et justifiez votre choix.*

13. *Sur quel rythme doit se dérouler la scène 10 ? Pourquoi ?*

14. *Que peut fait Béralde dans la scène 10 pour continuer à aider Toinette ? Soyez précis dans vos propositions.*

SCÈNE 11. TOINETTE, ARGAN, BÉRALDE

TOINETTE. Allons, allons je suis votre servante[1]. Je n'ai pas envie de rire.

ARGAN. Qu'est-ce que c'est ?

TOINETTE. Votre médecin, ma foi, qui me voulait tâter le
5 pouls.

ARGAN. Voyez un peu, à l'âge de quatre-vingt-dix ans !

BÉRALDE. Oh çà, mon frère, puisque voilà votre monsieur Purgon brouillé avec vous, ne voulez-vous pas bien que je vous parle du parti qui s'offre pour ma nièce ?

10 ARGAN. Non, mon frère, je veux la mettre dans un couvent, puisqu'elle s'est opposée à mes volontés. Je vois bien qu'il y a quelque amourette là-dessous, et j'ai découvert certaine entrevue secrète qu'on ne sait pas que j'ai découverte.

15 BÉRALDE. Hé bien ! mon frère, quand il y aurait quelque petite inclination•, cela serait-il si criminel, et rien[2] peut-il vous offenser, quand tout ne va qu'à des choses honnêtes comme le mariage ?

ARGAN. Quoi qu'il en soit, mon frère, elle sera religieuse ;
20 c'est une chose résolue.

BÉRALDE. Vous voulez faire plaisir à quelqu'un.

ARGAN. Je vous entends•. Vous en revenez toujours là, et ma femme vous tient au cœur.

BÉRALDE. Hé bien, oui, mon frère, puisqu'il faut parler à
25 cœur ouvert, c'est votre femme que je veux dire ; et non plus que[3] l'entêtement de la médecine, je ne puis vous souffrir• l'entêtement où vous êtes pour elle, et voir que vous donniez tête baissée dans tous les pièges qu'elle vous tend.

---

1. *je suis votre servante* : formule de renvoi.
2. *rien* : quelque chose.
3. *non plus que* : pas plus que.

30 TOINETTE. Ah ! monsieur, ne parlez point de madame ; c'est une femme sur laquelle il n'y a rien à dire, une femme sans artifice, et qui aime monsieur, qui l'aime !... On ne peut pas dire cela.

ARGAN. Demandez-lui un peu les caresses[1] qu'elle me fait.

35 TOINETTE. Cela est vrai.

ARGAN. L'inquiétude que lui donne ma maladie.

TOINETTE. Assurément.

ARGAN. Et les soins et les peines qu'elle prend autour de moi.

40 TOINETTE. Il est certain. *(À Béralde.)* Voulez-vous que je vous convainque et vous fasse voir tout à l'heure• comme madame aime monsieur ? *(À Argan.)* Monsieur, souffrez• que je lui montre son bec jaune[2] et le tire d'erreur.

ARGAN. Comment ?

45 TOINETTE. Madame s'en va revenir. Mettez-vous tout étendu dans cette chaise, et contrefaites• le mort. Vous verrez la douleur où elle sera quand je lui dirai la nouvelle.

ARGAN. Je le veux bien.

TOINETTE. Oui, mais ne la laissez pas longtemps dans le
50 désespoir, car elle en pourrait bien mourir.

ARGAN. Laisse-moi faire.

TOINETTE, *à Béralde.* Cachez-vous, vous, dans ce coin-là.

ARGAN. N'y a-t-il point quelque danger à contrefaire le mort ?

55 TOINETTE. Non, non. Quel danger y aurait-il ? Étendez-vous là seulement. *(Bas.)* Il y aura plaisir à confondre votre frère. Voici madame. Tenez-vous bien.

---

1. *caresses* : marques d'affection.
2. *que je lui montre son bec jaune* : que je lui montre son erreur.

SCÈNE 12. BÉLINE, TOINETTE, ARGAN, BÉRALDE

TOINETTE *s'écrie.* Ah ! mon Dieu ! Ah ! malheur ! quel étrange accident !

BÉLINE. Qu'est-ce, Toinette ?

TOINETTE. Ah ! madame !

5 BÉLINE. Qu'y a-t-il ?

TOINETTE. Votre mari est mort.

BÉLINE. Mon mari est mort ?

TOINETTE. Hélas ! oui. Le pauvre défunt est trépassé[1].

BÉLINE. Assurément ?

10 TOINETTE. Assurément. Personne ne sait encore cet accident-là, et je me suis trouvée ici toute seule. Il vient de passer[2] entre mes bras. Tenez, le voilà tout de son long dans cette chaise.

BÉLINE. Le Ciel en soit loué ! Me voilà délivrée d'un grand 15 fardeau. Que tu es sotte, Toinette, de t'affliger de cette mort !

TOINETTE. Je pensais, madame, qu'il fallût pleurer.

BÉLINE. Va, va, cela n'en vaut pas la peine. Quelle perte est-ce que la sienne, et de quoi[3] servait-il sur la terre ? Un 20 homme incommode à tout le monde, malpropre, dégoûtant, sans cesse un lavement ou une médecine dans le ventre, mouchant, toussant, crachant toujours, sans esprit, ennuyeux, de mauvaise humeur, fatiguant sans cesse les gens, et grondant jour et nuit servantes et valets.

25 TOINETTE. Voilà une belle oraison funèbre[4].

BÉLINE. Il faut, Toinette, que tu m'aides à exécuter mon dessein•, et tu peux croire qu'en me servant ta récompense

---

1. *le pauvre défunt est trépassé* : (formule comique) le mort est mort !
2. *passer* : mourir.
3. *de quoi* : à quoi.
4. *oraison funèbre* : discours prononcé au moment d'un enterrement.

est sûre. Puisque, par un bonheur, personne n'est encore averti de la chose, portons-le dans son lit, et tenons cette
30 mort cachée jusqu'à ce que j'aie fait mon affaire. Il y a des papiers, il y a de l'argent, dont je me veux saisir, et il n'est pas juste que j'aie passé sans fruit auprès de lui mes plus belles années. Viens, Toinette : prenons auparavant toutes ses clefs.

35 ARGAN, *se levant brusquement.* Doucement !

BÉLINE, *surprise et épouvantée.* Aïe !

ARGAN. Oui, madame ma femme, c'est ainsi que vous m'aimez ?

TOINETTE. Ah ! ah ! le défunt n'est pas mort.

40 ARGAN, *à Béline, qui sort.* Je suis bien aise de voir votre amitié et d'avoir entendu le beau panégyrique[1] que vous avez fait de moi. Voilà un avis au lecteur[2] qui me rendra sage à l'avenir, et qui m'empêchera de faire bien des choses.

BÉRALDE, *sortant de l'endroit où il s'est caché.* Hé bien, mon
45 frère, vous le voyez.

TOINETTE. Par ma foi, je n'aurais jamais cru cela. Mais j'entends votre fille ; remettez-vous comme vous étiez et voyons de quelle manière elle recevra votre mort. C'est une chose qu'il n'est pas mauvais d'éprouver ; et puisque vous
50 êtes en train, vous connaîtrez par là les sentiments que votre famille a pour vous.

SCÈNE 13. ANGÉLIQUE, ARGAN, TOINETTE, BÉRALDE

TOINETTE *s'écrie.* Ô Ciel ! ah ! fâcheuse[3] aventure ! malheureuse journée !

ANGÉLIQUE. Qu'as-tu, Toinette, et de quoi pleures-tu ?

TOINETTE. Hélas ! j'ai de tristes nouvelles à vous donner.

5 ANGÉLIQUE. Hé quoi ?

1. *panégyrique* : éloge.
2. *avis au lecteur* : avertissement.
3. *fâcheux* : terrible.

TOINETTE. Votre père est mort.

ANGÉLIQUE. Mon père est mort, Toinette ?

TOINETTE. Oui, vous le voyez là. Il vient de mourir tout à l'heure• d'une faiblesse qui lui a pris.

10 ANGÉLIQUE. Ô Ciel ! quelle infortune ! quelle atteinte cruelle ! Hélas ! faut-il que je perde mon père, la seule chose qui me restait au monde, et qu'encore, pour un surcroît de désespoir, je le perde dans un moment où il était irrité contre moi ! Que deviendrai-je, malheureuse, et quelle
15 consolation trouver après une si grande perte ?

SCÈNE 14. CLÉANTE, ANGÉLIQUE, ARGAN, TOINETTE, BÉRALDE

CLÉANTE. Qu'avez-vous donc, belle Angélique ? et quel malheur pleurez-vous ?

ANGÉLIQUE. Hélas ! je pleure tout ce que dans ma vie je pouvais perdre de plus cher et de plus précieux. Je pleure la
5 mort de mon père.

CLÉANTE. Ô Ciel ! quel accident ! quel coup inopiné[1] ! Hélas ! après la demande que j'avais conjuré[2] votre oncle de lui faire pour moi, je venais me présenter à lui et tâcher, par mes respects et par mes prières, de disposer son cœur à
10 vous accorder à mes vœux.

ANGÉLIQUE. Ah ! Cléante, ne parlons plus de rien. Laissons là toutes les pensées du mariage. Après la perte de mon père, je ne veux plus être du monde, et j'y renonce pour jamais. Oui, mon père, si j'ai résisté tantôt à vos volontés, je
15 veux suivre du moins une de vos intentions et réparer par là le chagrin que je m'accuse de vous avoir donné. Souffrez, mon père, que je vous en donne ici ma parole, et que je vous embrasse pour vous témoigner mon ressentiment[3].

---

1. *inopiné* : inattendu.
2. *conjuré* : supplié.
3. *ressentiment* : reconnaissance.

ARGAN, *se lève.* Ah ! ma fille !

20 ANGÉLIQUE, *épouvantée.* Aïe !

ARGAN. Viens. N'aie point de peur, je ne suis pas mort. Va, tu es mon vrai sang, ma véritable fille, et je suis ravi d'avoir vu ton bon naturel.

ANGÉLIQUE. Ah ! quelle surprise agréable, mon père !
25 Puisque, par un bonheur extrême, le Ciel vous redonne à mes vœux, souffrez qu'ici je me jette à vos pieds pour vous supplier d'une chose. Si vous n'êtes pas favorable au penchant de mon cœur, si vous me refusez Cléante pour époux, je vous conjure, au moins, de ne me point forcer
30 d'en épouser un autre. C'est toute la grâce que je vous demande.

CLÉANTE *se jette à genoux.* Eh ! monsieur, laissez-vous toucher à ses prières et aux miennes, et ne vous montrez point contraire aux mutuels empressements[1] d'une si belle
35 inclination•.

BÉRALDE. Mon frère, pouvez-vous tenir là contre[2] ?

TOINETTE. Monsieur, serez-vous insensible à tant d'amour ?

ARGAN. Qu'il se fasse médecin, je consens au mariage.
40 Oui, faites-vous médecin, je vous donne ma fille.

CLÉANTE. Très volontiers ; s'il ne tient qu'à cela pour être votre gendre, je me ferai médecin, apothicaire même, si vous voulez. Ce n'est pas une affaire que cela, et je ferais bien d'autres choses pour obtenir la belle Angélique.

45 BÉRALDE. Mais, mon frère, il me vient une pensée. Faites-vous médecin vous-même. La commodité sera encore plus grande d'avoir en vous tout ce qu'il vous faut.

TOINETTE. Cela est vrai. Voilà le vrai moyen de vous guérir bientôt ; et il n'y a point de maladie si osée[3] que de se
50 jouer à[4] la personne d'un médecin.

---

1. *empressements* : témoignages d'affection.
2. *tenir là contre* : résister à.
3. *osée* : audacieuse.
4. *se jouer à* : se frotter à.

ARGAN. Je pense, mon frère, que vous vous moquez de moi. Est-ce que je suis en âge d'étudier ?

BÉRALDE. Bon, étudier ! Vous êtes assez savant ; et il y en a beaucoup parmi eux qui ne sont pas plus habiles que vous.

55 ARGAN. Mais il faut savoir parler latin, connaître les maladies et les remèdes qu'il y faut faire.

BÉRALDE. En recevant la robe et le bonnet de médecin, vous apprendrez tout cela, et vous serez après plus habile que vous ne voudrez.

60 ARGAN. Quoi ! l'on sait discourir sur les maladies quand on a cet habit-là ?

BÉRALDE. Oui. L'on n'a qu'à parler ; avec une robe et un bonnet, tout galimatias[1] devient savant, et toute sottise devient raison.

65 TOINETTE. Tenez, monsieur, quand il n'y aurait que votre barbe, c'est déjà beaucoup, et la barbe fait plus de la moitié d'un médecin.

CLÉANTE. En tout cas je suis prêt à tout.

BÉRALDE. Voulez-vous que l'affaire se fasse tout à l'heure• ?

70 ARGAN. Comment, tout à l'heure ?

BÉRALDE. Oui, et dans votre maison.

ARGAN. Dans ma maison ?

BÉRALDE. Oui. Je connais une Faculté de mes amies qui viendra tout à l'heure en faire la cérémonie dans votre salle.
75 Cela ne vous coûtera rien.

ARGAN. Mais moi, que dire ? que répondre ?

BÉRALDE. On vous instruira en deux mots, et l'on vous donnera par écrit ce que vous devez dire. Allez-vous-en vous mettre en habit décent, je vais les envoyer quérir[2].

80 ARGAN. Allons, voyons cela. *(Il sort.)*

CLÉANTE. Que voulez-vous dire, et qu'entendez•-vous avec cette Faculté de vos amies ?

1. *galimatias* : discours confus.
2. *quérir* : chercher.

TOINETTE. Quel est donc votre dessein• ?

BÉRALDE. De nous divertir un peu ce soir. Les comédiens
85 ont fait un petit intermède[1] de la réception[2] d'un médecin, avec des danses et de la musique ; je veux que nous en prenions ensemble le divertissement, et que mon frère y fasse le premier personnage.

ANGÉLIQUE. Mais mon oncle, il me semble que vous vous
90 jouez[3] un peu beaucoup de mon père.

BÉRALDE. Mais, ma nièce, ce n'est pas tant le jouer que s'accommoder• à ses fantaisies. Tout ceci n'est qu'entre nous. Nous y pouvons aussi prendre chacun un personnage, et nous donner ainsi la comédie les uns aux autres. Le
95 carnaval[4] autorise cela. Allons vite préparer toutes choses.

CLÉANTE, *à Angélique.* Y consentez-vous ?

ANGÉLIQUE. Oui, puisque mon oncle nous conduit.

Michel Bouquet dans une mise en scène de Pierre Boutron, Théâtre des Arts Hébertot, Paris, 1988.

---

1. *intermède* : divertissement.
2. *la réception d'un médecin* : cérémonie au cours de laquelle l'étudiant est reçu médecin.
3. *vous vous jouez* : vous vous moquez.
4. *le carnaval* : c'est l'époque du carnaval.

Questions

Compréhension

1. *Quelle réplique d'Argan, au début de la scène 11, prouve qu'il n'a plus le moindre doute sur l'identité du médecin qui vient de l'examiner ?*

2. *Quelle maladresse commet Béralde dans la scène 11 ? Pourquoi est-ce une maladresse ? Comment Toinette la rattrape-t-elle et l'utilise-t-elle ?*

3. *Pourquoi faut-il impérativement que Béralde soit caché ?*

4. *Quelle réplique d'Argan montre que son côté superstitieux n'a toujours pas disparu ?*

5. *Qu'a de juste, de comique et de cynique le portrait que Béline fait d'Argan dans la scène 12.*

6. *L'amour qu'Argan portait à Béline était-il si grand qu'il le paraissait ? Justifiez votre réponse. Comment expliquez-vous cette attitude d'Argan ?*

7. *Pourquoi Toinette propose-t-elle à Argan d'éprouver également Angélique ?*

8. *Pourquoi Argan ne réagit-il pas plus rapidement face à la réaction de Béline ? face à la réaction d'Angélique ?*

9. *Quelle est l'idée fixe d'Argan, malgré tout ?*

Écriture

10. *Étudiez le comique dans les répliques de Toinette dans la scène 12.*

11. *Justifiez l'emploi des adjectifs dans la réplique d'Argan à la scène 14 :* « ... tu es mon vrai sang, ma véritable fille... ». *Quel effet cela produit-il ?*

12. *Étudiez le rôle des points d'interrogation dans la scène 14. Est-ce toujours le même ?*

13. *Quel thème, déjà vu, est à nouveau introduit à la fin de la scène 14 ? Relevez le champ lexical qui s'y rapporte. Qu'est-ce que cela permet ?*

Mise en scène

14. *La scène 13 et le début de la scène 14 sont parallèles à la scène 12. Comment la mise en scène pourrait-elle insister sur cet aspect ? Pourquoi Béralde n'est-il plus caché dans les scènes 13 et 14 ? Que lui feriez-vous faire avant qu'il ne prenne la parole ?*

15. *Le dénouement est-il rapide ? Est-il vraisemblable ? Est-ce grave dans une comédie ? Comment pourriez-vous faire ressortir son triple aspect heureux, comique et tragique ?*

Cérémonie du Malade imaginaire, *vignette gravée par Hillemacher (B.N., Estampes).*

TROISIÈME INTERMÈDE

C'est une cérémonie burlesque d'un homme qu'on fait médecin en récit, chant et danse.

ENTRÉE DE BALLET

Plusieurs tapissiers viennent préparer la salle et placer les bancs en cadence. Ensuite de quoi toute l'assemblée, composée de huit porte-seringues, six apothicaires, vingt-deux docteurs et celui qui se fait recevoir médecin, huit chirurgiens dansants et deux chantants. Chacun entre et prend ses places selon son rang.

	PRÆSES	LE PRÉSIDENT
	Savantissimi doctores,	Très savants docteurs,
	Medicinæ professores,	Professeurs de médecine,
	Qui hic assemblati estis,	Qui êtes ici assemblés,
	Et vos, altri messiores,	Et vous autres, Messieurs,
5	*Sententiarum Facultatis*	Des décisions de la Faculté
	Fideles executores,	Fidèles exécuteurs,
	Chirurgiani et apothicari,	Chirurgiens et apothicaires,
	Atque tota compania aussi,	Et toute la compagnie aussi,
	Salus, honor et argentum,	Salut, honneur et argent,
10	*Atque bonum appetitum.*	Et bon appétit !
	Non possum, docti confreri,	Je ne puis, doctes confrères,
	En moi satis admirari	En moi-même admirer assez
	Qualis bona inventio	Quelle bonne invention
	Est medici professio ;	Est la profession de médecin,
15	*Quam bella chosa est, et bene [trovata,*	Quelle belle chose c'est, et bien [trouvée,
	Medicina illa benedicta,	Que cette médecine bénie,
	Quæ, suo nomine solo,	Qui, par son seul nom,
	Surprenanti miraculo,	Miracle surprenant,
	Depuis si longo tempore,	Depuis si longtemps,
20	*Facit à gogo vivere*	Fait vivre à gogo
	Tant de gens omni genere.	Tant de gens de toute espèce.
	Per totam terram videmus	Par toute la terre nous voyons
	Grandam vogam ubi sumus,	La grande vogue où nous [sommes,

	Et quod grandes et petiti	Et que les grands et les petits
25	*Sunt de nobis infatuti :*	Sont de nous entichés :
	Totus mundus, currens ad nostros [remedios,	Le monde entier accourant à [nos remèdes,
	Nos regardat sicut deos,	Nous regarde comme des dieux ;
	Et nostris ordonnanciis	Et à nos ordonnances
	Principes et reges soumissos videtis.	Nous voyons soumis princes et [rois.
30	*Donque il est nostrae sapientiae,*	Donc il est de notre sagesse,
	Boni sensus atque prudentiœ,	De notre bon sens et [prévoyance,
	De fortement travaillare	De travailler fortement
	A nos bene conservare	À nous bien conserver
	In tali credito, voga et honore,	En tel crédit, telle vogue et tel [honneur,
35	*Et prandere gardam à non [recevere*	Et de prendre garde à ne [recevoir
	In nostro docto corpore	Dans notre docte corporation
	Quam personas capabiles,	Que des personnes capables,
	Et totas dignas remplire	Et tout à fait dignes de remplir
	Has plaças honorabiles.	Ces places honorables.
40	*C'est pour cela que nunc convocati [estis,*	C'est pour cela qu'aujourd'hui [vous avez été convoqués ;
	Et credo quod trovabitis	Et je crois que vous trouverez
	Dignam materiam medici	Une digne matière de médecin
	In savanti homine que voici,	Dans le savant homme que [voici,
	Lequel, in chosis omnibus,	Lequel en toutes choses
45	*Dono ad interrogandum,*	Je vous donne à interroger
	Et à fond examinandum	Et examiner à fond
	Vostris capacitatibus.	Par vos capacités.
	PRIMUS DOCTOR	LE PREMIER DOCTEUR
	Si mihi licentiam dat dominus [praeses,	Si m'en donnent permission le [Seigneur Président,
	Et tanti docti doctores,	Et tant de doctes docteurs,
50	*Et assistantes illustres,*	Et les illustres assistants,
	Très savanti bacheliero,	Au très savant bachelier,
	Quem estimo et honoro,	Que j'estime et honore,
	Domandabo causam et rationem [quare	Je demanderai la cause et la [raison pour lesquelles
	Opium facit dormire.	L'opium fait dormir.

	BACHELIERUS	LE BACHELIER
55	*Mihi a docto doctore*	Par le docte docteur il m'est
	Domandatur causam et rationem [quare	Demandé la cause et la raison [pour lesquelles
	Opium facit dormire?	L'opium fait dormir.
	À quoi respondeo	À quoi je réponds :
	Quia est in eo	Parce qu'il est en lui
60	*Virtus dormitiva,*	Une vertu dormitive,
	Cujus est natura	Dont la nature
	Sensus assoupire.	Est d'assoupir les sens.
	CHORUS	LE CHŒUR
	Bene, bene, bene, bene respondere:	Bien, bien, bien, bien répondu:
	Dignus, dignus est intrare	Digne, il est digne d'entrer
65	*In nostro docto corpore.*	Dans notre docte corporation.
	SECUNDUS DOCTOR	LE SECOND DOCTEUR
	Cum permissione domini præsidis,	Avec la permission du Seigneur [Président,
	Doctissimæ Facultatis,	De la très docte Faculté,
	Et totius his nostris actis	Et de toute la compagnie
	Companiæ assistantis,	Qui assiste à nos actes,
70	*Domandabo tibi, docte bacheliere,*	Je te demanderai, docte [bachelier,
	Quæ sunt remedia,	Quels sont les remèdes,
	Quæ in maladia	Que, dans la maladie
	Dite hydropisia	Dite hydropisie,
	Convenit facere.	Il convient d'appliquer.
	BACHELIERUS	LE BACHELIER
75	*Clysterium donare,*	Clystère* donner,
	Postea seignare,	Puis saigner,
	Ensuita purgare.	Ensuite purger.
	CHORUS	LE CHŒUR
	Bene, bene, bene, bene respondere:	Bien, bien, bien, bien répondu:
	Dignus, dignus est intrare	Digne, il est digne d'entrer
80	*In nostro docto corpore.*	Dans notre docte corporation.
	TERTIUS DOCTOR	LE TROISIÈME DOCTEUR
	Si bonum semblatur domino [præsidi,	S'il semble bon au Seigneur [Président,
	Doctissimæ Facultati	À la très docte Faculté,
	Et companiæ presenti,	Et à la compagnie présente,

Domandabo tibi, docte bacheliere,
85 *Quæ remedia eticis,*
Pulmonicis atque asmaticis,
Trovas à propos facere.

Je te demanderai, docte [bachelier,
Quels remèdes aux étiques[1],
Aux pulmoniques[2], et aux [asthmatiques
Tu trouves à propos de donner.

BACHELIERUS

Clysterium donare,
Postea seignare,
90 *Ensuita purgare.*

LE BACHELIER

Clystère• donner,
Puis saigner,
Ensuite purger.

CHORUS

Bene, bene, bene, bene respondere:
Dignus, dignus est intrare
In nostro docto corpore.

LE CHŒUR

Bien, bien, bien, bien répondu:
Digne, il est digne d'entrer
Dans notre docte corporation.

QUARTUS DOCTOR

Super illas maladias,
95 *Doctus bachelierus dixit maravillas,*
Mais, si non ennuyo dominum [præsidem,
Doctissimam Facultatem,
Et totam honorabilem
Companiam ecoutantem,
100 *Faciam illi unam questionem :*
De hiero maladus unus
Tombavit in meas manus ;
Habet grandam fievram cum [redoublamentis,
Grandam dolorem capitis,
105 *Et grandum malum au costé,*
Cum granda difficultate
Et pena de respirare,
Veillas mihi dire,
Docte bacheliere,
110 *Quid illi facere ?*

LE QUATRIÈME DOCTEUR

Sur toutes ces maladies
Le docte bachelier a dit des [merveilles ;
Mais, si je n'ennuie pas le [Seigneur Président,
La très docte Faculté,
Et toute l'honorable
Compagnie qui écoute,
Je lui ferai une seule question :
Hier un malade
Tomba entre mes mains ;
Il a une grande fièvre avec des [redoublements,
Une grande douleur de tête,
Et un grand mal au côté,
Avec une grande difficulté
Et peine à respirer :
Veux-tu me dire,
Docte bachelier,
Ce qu'il lui faut faire ?

BACHELIERUS

Clysterium donare,

LE BACHELIER

Clystère donner,

1. *étiques* : amaigris à force de fièvre.
2. *pulmoniques* : poitrinaires.

Postea seignare,
Ensuita purgare.

Puis saigner,
Ensuite purger

QUINTUS DOCTOR

Mais si maladia,
115 *Opiniatria,*
Non vult se garire,
Quid illi facere ?

LE CINQUIÈME DOCTEUR

Mais si la maladie
Opiniâtre
Ne veut pas guérir,
Que lui faire ?

BACHELIERUS

Clysterium donare,
Postea seignare,
120 *Ensuita purgare,*
Reseignare, repurgare et
[reclysterisare.

LE BACHELIER

Clystère* donner,
Puis saigner,
Ensuite purger
Resaigner, repurger et
[reclystériser.

CHORUS

Bene, bene, bene, bene respondere :
Dignus, dignus est intrare
In nostro docto corpore.

LE CHŒUR

Bien, bien, bien, bien répondu :
Digne, il est digne d'entrer
Dans notre docte corporation.

PRÆSES

125 *Juras gardare statuta*
Per Facultatem præscripta,
Cum sensu et jugeamento ?

LE PRÉSIDENT

Tu jures d'observer les statuts
Prescrits par la Faculté
Avec sens et jugement ?

BACHELIERUS

Juro.

LE BACHELIER

Je jure.

PRÆSES

Essere in omnibus
130 *Consultationibus*
Ancieni aviso,
Aut bono
Aut mauvaiso ?

LE PRÉSIDENT

D'être, dans toutes
Les consultations,
De l'avis des anciens,
Qu'il soit bon
Ou mauvais ?

BACHELIERUS

Juro.

LE BACHELIER

Je jure.

PRÆSES

135 *De non jamais te servire*
De remediis aucunis,
Quam de ceux seulement doctæ
[Facultatis ;

LE PRÉSIDENT

De ne jamais te servir
D'aucuns remèdes
Que de ceux seulement de la
[docte Faculté,

Maladus dût-il crevare	Le malade dût-il crever
Et mori de suo malo ?	Et mourir de son mal ?
BACHELIERUS	LE BACHELIER
140 *Juro.*	Je jure.
PRÆSES	LE PRÉSIDENT
Ego, cum isto boneto	Moi, avec ce bonnet
Venerabili et docto,	Vénérable et docte,
Dono tibi et concedo	Je te donne et t'accorde
Virtutem et puissanciam	La vertu et la puissance
145 *Medicandi,*	De médiciner,
Purgandi,	De purger,
Seignandi,	De saigner,
Perçandi,	De percer,
Taillandi,	De tailler,
150 *Coupandi,*	De couper,
Et occidendi	Et de tuer
Impune per totam terram.	Impunément par toute la terre.

ENTRÉE DE BALLET

Tous les chirurgiens et apothicaires viennent lui faire la révérence en cadence.

BACHELIERUS	LE BACHELIER
Grandes doctores doctrinæ.	Grands docteurs de la doctrine,
De la rhubarbe et du séné,	De la rhubarbe et du séné,
Ce serait sans doute à moi chosa [folla,	Ce serait sans doute à moi [chose folle,
Inepta et ridicula,	Inepte et ridicule,
5 *Si j'alloibam m'engageare*	Si j'allais m'engager
Vobis louangeas donare,	À vous donner des louanges,
Et entreprenoibam adjoutare	Et si j'entreprenais d'ajouter
Des lumieras au soleillo	Des lumières au soleil,
Et des etoilas au cielo,	Et des étoiles au ciel,
10 *Des ondas à l'Oceano*	Des ondes à l'Océan,
Et des rosas au printanno.	Et des roses au printemps.
Agreate qu'avec uno moto,	Agréez que d'un seul [mouvement,
Pro toto remercimento,	Pour tout remerciement,

TROISIÈME INTERMÈDE

Rendam gratiam corpori tam *[docto.*	Je rende grâce à une [corporation si docte.
15 *Vobis, vobis debeo*	C'est à vous, à vous que je dois
Bien plus qu'à naturæ et qu'à *[patri meo :*	Bien plus qu'à la nature et à [mon père :
Natura et pater meus	La nature et mon père
Hominem me habent factum :	M'ont fait homme ;
Mais vos me, ce qui est bien plus,	Mais vous, ce qui est bien plus,
20 *Avetis factum medicum.*	M'avez fait médecin,
Honor, favor, et gratia,	Honneur, faveur, et grâce
Qui, in hoc corde que voilà,	Qui, dans le cœur que voilà,
Imprimant ressentimenta	Impriment des sentiments
Qui dureront in sæcula.	Qui dureront dans les siècles.
CHORUS	LE CHŒUR
25 *Vivat, vivat, vivat, vivat, cent fois* *[vivat,*	Qu'il vive, qu'il vive, qu'il vive, [qu'il vive, cent fois qu'il vive
Novus doctor, qui tam bene *[parlat !*	Le nouveau docteur, qui parle [si bien !
Mille, mille annis, et manget et *[bibat,*	Pendant mille, mille ans, qu'il [mange et qu'il boive,
Et seignet et tuat !	Qu'il saigne et qu'il tue !

ENTRÉE DE BALLET

Tous les chirurgiens et les apothicaires dansent au son des instruments et des voix, et des battements de mains, et des mortiers d'apothicaires.

CHIRURGUS	LE CHIRURGIEN
Puisse-t-il voir doctas	Puisse-t-il voir ses doctes
Suas ordonnancias	Ordonnances
Omnium chirurgorum	De tous les chirurgiens
Et apothiquarum	Et apothicaires
5 *Remplire boutiques !*	Remplir les officines
CHORUS	LE CHŒUR
Vivat, vivat, vivat, vivat, cent fois *[vivat,*	Qu'il vive, qu'il vive, qu'il vive, [qu'il vive, cent fois qu'il vive,
Novus doctor, qui tam bene *[parlat !*	Le nouveau docteur, qui parle [si bien !

	Mille, mille annis, et manget et [bibat,	Pendant mille et mille ans, qu'il [mange et qu'il boive,
	Et seignet et tuat !	Qu'il saigne et qu'il tue !
	CHIRURGUS	LE CHIRURGIEN
10	*Puissent toti anni*	Puissent toutes les années
	Lui essere boni	Lui être bonnes
	Et favorabiles,	Et favorables,
	Et n'habere jamais	Et n'avoir jamais
	Quam pestas, verolas,	Que des pestes, des véroles,
15	*Fievras, pluresias,*	Des fièvres, des pleurésies,
	Fluxus de sang et dyssenterias.	Des flux de sang et des [dysenteries !
	CHORUS	LE CHŒUR
	Vivat, vivat, vivat, vivat, cent fois [vivat,	Qu'il vive, qu'il vive, qu'il vive, [cent fois qu'il vive
	Novus doctor, qui tam bene [parlat !	Le nouveau docteur, qui parle [si bien !
	Mille, mille annis, et manget et [bibat,	Pendant mille, mille ans, qu'il [mange et qu'il boive
20	*Et seignet et tuat !*	Qu'il saigne et qu'il tue !

DERNIÈRE ENTRÉE DE BALLET

Des médecins, des chirurgiens et des apothicaires, qui sortent tous, selon leur rang, en cérémonie, comme ils sont entrés.

Questions

Compréhension

1. *Quels reproches Molière adresse-t-il à la médecine et aux médecins dans la scène 14 de l'acte III et dans ce troisième intermède ?*

Écriture

2. *En quoi, dans le troisième intermède, le comique frôle-t-il le tragique ? Quel terme répété produit cet effet ? Qu'est-ce que cela prouve des intentions de Molière ?*

Mise en scène

3. *Quelles attitudes feriez-vous prendre aux différents personnages présents au cours du troisième intermède ? Finalement, qui est la victime de la pièce ? Pourquoi ? Comment le montreriez-vous dans votre mise en scène ?*

Bilan

L'action

• Ce que nous savons

La pièce est finie.

L'acte tourne autour de trois pôles :

— la critique de la médecine ;

— la mauvaise épouse, Béline, confondue ;

— le dénouement heureux : le mariage d'amour de Cléante et d'Angélique.

• À quoi nous attendre ?

Argan a-t-il vraiment changé à la fin de la pièce ? Reste-t-il un incurable malade imaginaire ?

Les personnages

• Ce que nous savons

Le rôle essentiel au cours de l'acte a été tenu par Toinette : c'est elle qui s'est déguisée en médecin pour tenter d'ouvrir les yeux d'Argan sur la réalité de la médecine ; c'est elle aussi qui donne à Argan l'idée de contrefaire le mort pour confondre Béline, et sauver Angélique d'un mariage odieux. Pourtant c'est Béralde, sorte de porte-parole de Molière, qui a le mot de la fin et qui fait cyniquement du faux malade un vrai médecin.

À quoi nous attendre ?

Béline a disparu. Quels noirs desseins• peut-elle avoir ? Que deviennent les Purgon, Fleurant, Diafoirus ? On peut les imaginer au chevet d'autres malades.

L'écriture

Le Malade imaginaire *est avant tout une farce. Le comique y est donc permanent. Quels différents types de comique y rencontre-t-on ? Donnez-en des exemples.*

DATES	ÉVÉNEMENTS HISTORIQUES	ÉVÉNEMENTS CULTURELS
1621		Naissance de La Fontaine.
1622	Règne de Louis XIII.	
1623		Naissance de Pascal.
1624	Richelieu Premier ministre.	
1633		Galilée abjure.
1635	La France entre dans la guerre de Trente Ans.	Richelieu fonde l'Académie française.
1636		*Le Cid* de Corneille. *Discours de la méthode* de Descartes.
1639		Naissance de Racine.
1640		*Horace* de Corneille.
1642	Mort de Richelieu.	
1643	Mort de Louis XIII ; régence d'Anne d'Autriche. Gouvernement du Cardinal Mazarin.	Arrivée de Lulli à Paris.
1645		Naissance de La Bruyère.
1648	La Fronde.	
1651		Naissance de Fénelon.
1659	Paix des Pyrénées.	
1660	Mariage de Louis XIV avec Marie-Thérèse d'Espagne.	
1661	Mort de Mazarin.	Construction de Versailles.
1662		Mort de Pascal.
1664	Début de la lutte contre le Jansénisme.	
1665		*Maximes* de La Rochefoucauld. 1re transfusion sanguine sur un chien.
1666		1res *Satires* de Boileau.
1667		*Andromaque* de Racine.
1668	Traité d'Aix-la-Chapelle.	1er recueil des *Fables* de La Fontaine.
1669		*Britannicus, Bérénice* de Racine.
1670		Édition posthume des *Pensées* de Pascal.
1671		
1672	La Cour s'installe à Versailles.	
1673	Conquête de la Hollande.	

VIE ET ŒUVRE DE MOLIÈRE	DATES
Naissance de Jean-Baptiste Poquelin, fils d'un tapissier du roi.	**1622**
Mort de sa mère. Études chez les Jésuites.	1632
Licence en droit.	1642
Fondation de l'Illustre Théâtre, avec les Béjart.	1643
Il devient directeur de la troupe et prend le nom de Molière.	1644
Il parcourt le Midi de la France avec sa troupe.	1648
Retour à Paris.	1658
Succès des *Précieuses ridicules*.	1659
Épouse Armande Béjart. Triomphe de *L'École des femmes*.	1662
Interdiction du *Tartuffe*.	1664
Arrêt des représentations de *Dom Juan*.	1665
Échec du *Misanthrope*. Succès du *Médecin malgré lui*.	1666
L'Avare.	1668
Le Bourgeois gentilhomme.	1670
Les Fourberies de Scapin.	1671
Les Femmes savantes.	1672
Le Malade imaginaire. Mort de Molière.	**1673**

LES COMÉDIENS ET L'ÉGLISE

On a beaucoup dit que les comédiens étaient excommuniés au XVIIe siècle. En réalité, seuls certains évêques suivent cette pratique au début du siècle. Mais, bien vite, le théâtre est tellement à la mode que les acteurs sont réhabilités. Ils se marient à l'église, y font baptiser leurs enfants. Louis XIV est d'ailleurs le parrain du premier-né de Molière. Cependant, pour obtenir une sépulture chrétienne, il leur faut, au moment de leur mort, renoncer par écrit à leur profession.

LES COMÉDIENS ET LEUR SALAIRE

La troupe de Molière est « troupe du Roi », comme celle du Marais, et à ce titre perçoit une pension de 6 000 livres, bientôt 7 000. Le prix des places est fixé par une ordonnance de police. En 1609, il faut payer 5 sous pour le parterre, et 10 sous pour les loges ou les galeries (ce qui est très bon marché), mais, au milieu du siècle, c'est 15 sous le parterre — où beaucoup entrent d'ailleurs sans payer — et de 1 à 10 livres dans les loges et sur la scène.

LES CONDITIONS PRATIQUES DE LA COMÉDIE

On ne joue pas tous les jours, mais généralement les jours « ordinaires » : mardi, vendredi, dimanche. Ce n'est qu'à partir de 1680 que la Comédie-Française jouera tous les jours.

L'INTÉRIEUR DU THÉÂTRE

La scène est fermée par un rideau. Les « personnes de qualité » sont assises sur des chaises sur la scène. Les gens riches sont dans des loges, dans leurs plus beaux habits. Le parterre est composé de désœuvrés, de valets, d'artisans, de mousquetaires, d'étudiants... Le silence ne règne pas : on s'interpelle, on se bat même dans le parterre.

INTERACTIONS ENTRE LES PERSONNAGES

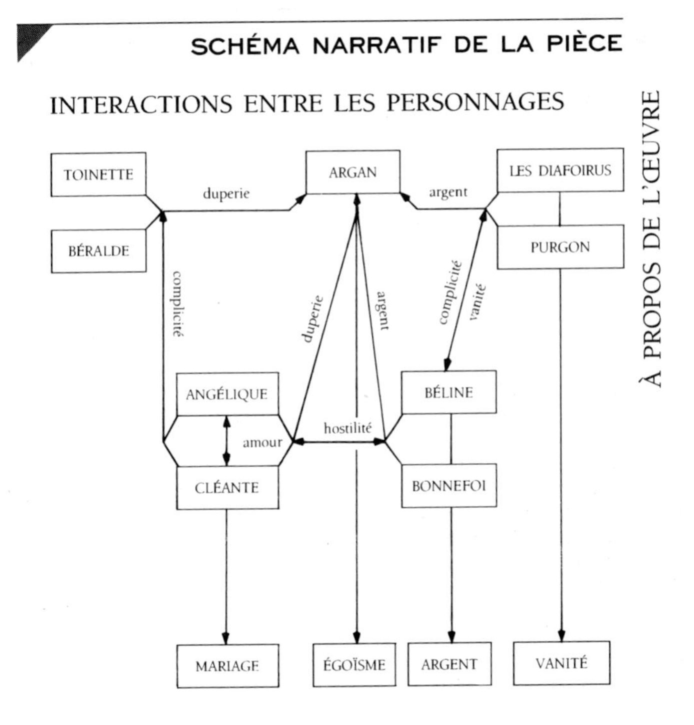

LES LIEUX DE L'ACTION

La comédie proprement dite se passe entièrement dans une chambre, chambre de malade. Pourtant, le prologue se déroule dans un lieu champêtre, et le premier intermède, dans une ville. On pourrait voir là une tentative pour ouvrir le spectacle sur l'extérieur. Mais, à partir de l'acte II, comédie et intermède se passeront dans la chambre, montrant par là qu'Argan est destiné à ne plus quitter cette chambre qui sera celle des désillusions et de la mort.

Il faut sans doute chercher l'origine du *Malade imaginaire* dans le désir qu'a eu Molière de répondre à une comédie pamphlet de 1670, due à la plume de son ennemi Le Boulanger de Chalussay, *Élomire hypocondre* (Élomire est l'anagramme de Molière), dans laquelle Molière était violemment attaqué dans sa vie privée et montré sous les traits d'un malade imaginaire. Molière choisit de répondre en se moquant de la médecine... et de lui-même, puisqu'il joue le personnage d'Argan.
Il n'y a pas à proprement parler de sources du *Malade imaginaire*, si ce n'est chez Molière lui-même.

Molière inspirateur de Molière

•

En effet, tout d'abord, **la satire de la médecine** traverse l'œuvre de Molière, que les personnages soient de faux médecins, donc charlatans, comme Sganarelle dans *Le Médecin volant* (1659) ou dans *Dom Juan* (1665) ou encore dans *Le Médecin malgré lui* (1666), ou des médecins bornés et cupides comme ceux de *L'Amour médecin* (1665) ou de *Monsieur de Pourceaugnac* (1669).
D'autre part, **le déguisement** de Toinette en médecin a pour ancêtre le déguisement de Sganarelle en médecin dans *Le Médecin volant, Dom Juan, Le Médecin malgré lui.* Dans *L'Amour médecin*, ce n'est pas le valet qui se déguise en médecin, mais l'amoureux qui cherche à s'approcher de celle qu'il aime, tout comme Léandre se déguisera en apothicaire pour pouvoir converser avec Lucinde dans *Le Médecin malgré lui.* Dans *Le Bourgeois gentilhomme*, Cléonte et son valet Covielle arrachent à M. Jourdain le mariage de sa fille Lucile avec Cléonte, en se déguisant en Turcs. Ce sont les mêmes raisons et la même inspiration qui font prendre à Cléante la place du maître de musique d'Angélique dans *Le Malade imaginaire.*
La servante qui tient tête à son maître est aussi un personnage qui apparaît fréquemment chez Molière : Dorine dans *Le Tartuffe*, Nicole dans *Le Bourgeois gentilhomme.*
Quant aux **pères égoïstes** qui cherchent à marier leur fille selon leur bon plaisir, ils sont également légion dans le théâtre de Molière. On peut penser, par exemple, à Orgon qui veut donner sa fille en mariage à celui qui est devenu son ami le plus cher (*Le Tartuffe*, 1664-1669), à Harpagon (*L'Avare*, 1668) qui « case » ses enfants de telle façon que leur mariage ne lui coûte pas un sou, ou encore à monsieur Jourdain (*Le Bourgeois Gentilhomme*, 1670) qui veut un gendre gentilhomme et est prêt pour cela à donner sa fille au « fils du grand Turc ».

En outre, la **structure de la pièce** ressemble à celle du *Bourgeois gentilhomme* : les actes sont séparés par des intermèdes de danse et de musique. Une cérémonie burlesque, qui flatte la manie du personnage principal, permet de conclure heureusement l'intrigue des deux pièces. Dans *Le Bourgeois gentilhomme*, le héros devient « mamamouchi » ; dans *Le Malade imaginaire*, Argan devient médecin.
Le thème du **théâtre dans le théâtre**, annonçant le premier et le troisième intermède, et présent dans la scène 5 de l'acte II, apparaît déjà dans d'autres pièces : dans la scène 8 du *Sicilien ou l'Amour peintre* (1667), dans *Le Bourgeois gentilhomme* (1670), ou encore dans le troisième intermède des *Amants magnifiques* (1670).
Enfin, bien des éléments de **farce** sont empruntés à d'autres pièces, par exemple la scène 4 de l'acte I des *Fourberies de Scapin*. Scapin veut convaincre Argante de laisser son fils se marier selon son choix. Les termes qu'il utilise sont semblables à ceux de Toinette cherchant, dans la scène 5 de l'acte I, à convaincre Argan de donner sa fille à celui qu'elle aime.
Le Malade imaginaire apparaît donc bien comme une sorte de synthèse des pièces précédentes.

Les sources médicales

•

Le **vocabulaire médical**, la connaissance des **diagnostics**, des **cérémonies** marquant la réception d'un médecin, les problèmes posés par la découverte d'Harvey en 1619 sur la circulation du sang, toutes ces informations proviennent de sources diverses.
Tout d'abord, il semble bien que le médecin et ami de Molière, Mauvillain, lui ait fourni de précieuses indications, en particulier pour *L'Amour médecin, Monsieur de Pourceaugnac* et *Le Malade imaginaire*. On trouve, par exemple, une petite note d'un inconnu en marge d'un ouvrage médical, disant de Mauvillain qu'il « a fait au corps des chirurgiens tout le mal possible pendant son décanat ; il ne s'est pas mieux conduit à l'égard de sa Faculté, puisqu'il a fourni à Poquelin-Molière les scènes annexes de sa comédie du *Malade imaginaire*, qui ont si bien amoindri l'autorité de la médecine et des médecins dans le public que maintenant la plupart des gens n'appellent le médecin que pour la forme... ».
Molière avait sans doute lu *Les Aphorismes d'Hippocrate mis en vers français par le sieur de Launay* (Rouen, 1642), dans lesquels le jeu des rimes en *-ie* pourrait bien avoir inspiré l'origine de la malédiction de monsieur Purgon : « Quand le spasme et la rêverie / Succèdent à l'hémorragie... »

Il avait sans doute entre les mains une sorte d'encyclopédie à l'usage des médecins : les Œuvres de La Framboisière, conseiller du roi, médecin, où sont méthodiquement décrits l'histoire du monde, la médecine... (Paris, 1613-31, Lyon, 1644-59).
Enfin, la médecine du XVIIe siècle semble incapable de progrès et, bien que la découverte de Harvey remonte à plusieurs décennies, une thèse est encore soutenue en 1672 contre les « circulateurs ». Les Diafoirus sont des « contrecirculateurs » !
Molière n'est d'ailleurs pas le seul à s'insurger sur le mode comique contre cette médecine conservatrice : en 1671, Boileau, aidé de Racine et de Bernin, a écrit une parodie, *L'Arrêt burlesque*, qui « fait défense au sang d'être plus vagabond, errer ni circuler dans le corps, sous peine d'être entièrement livré et abandonné à la Faculté de médecine ». Mais, surtout, on peut dire que l'original du malade est **Molière lui-même**, qui s'observe, comme il observe la façon dont on le soigne et dont on ne le guérit pas !

La comédie-ballet

•

Avant Molière, il n'est pas habituel de mêler musique et comédie. Molière réconcilie ces deux arts avec *Les Fâcheux* (1661), où il crée des intermèdes chantés et dansés qu'il intègre à l'action. Ce genre nouveau plaît beaucoup aux courtisans et au Roi qui participent volontiers aux ballets. Molière a écrit une quinzaine de comédies-ballets. Les décors et les costumes y sont souvent somptueux et servent ainsi d'écrin à la démonstration royale. Après Molière, le genre sera supplanté par l'opéra.

La musique : Charpentier successeur de Lulli

•

Devant l'engouement du public pour ce genre, Molière veut faire encore une comédie-ballet et il écrit à cette occasion un prologue à la gloire du Roi. Or, à la fin de 1672, il se brouille avec Lulli, avec qui il collaborait depuis huit ans. En effet, Lulli est devenu grand maître de l'Académie de musique et vient d'obtenir d'incroyables privilèges : interdiction de faire chanter des vers français sans son autorisation écrite et monopole d'exploitation des œuvres auxquelles il participe ! Dans ces conditions, Molière demande à Charpentier de composer la musique du *Malade imaginaire*. Lulli intriguera alors pour que sa pièce ne soit pas représentée devant le Roi !

Destin de la pièce

La pièce, à cause du somptueux prologue en particulier, coûte très cher : 2 400 livres d'après les registres que tenait l'acteur La Grange (le salaire moyen annuel d'un ouvrier est alors de 200 livres). Mais les quatre premières représentations furent un triomphe et rapportèrent 2 000 livres. Molière meurt le 17 février, après la quatrième représentation, et la pièce est reprise, toujours avec succès, le 3 mars, avec La Thorillère dans le rôle d'Argan. C'est un tel triomphe que la troupe de Molière retarde l'impression pour empêcher d'autres troupes de jouer la pièce, qui est alors plagiée à maintes reprises. Le texte sera finalement imprimé sous la caution de La Grange, en 1682.

part
Vendredy 10me 1re Representation du malade
Imaginaire . . . . . . 1992 ll — 71 ll
part
Dimanche 12 Malade Imag.re . 1459 ll — 55 ll
part
Mardy 14me mal. Imag. . . . 1879 ll 10s — 80 ll
part
Du Vendredy 17 . . . . . . 1219 ll — 39 ll
part
Ce mesme Jour apres la Comedie sur les 10 heures du soir
Monsieur de Moliere mourust dans sa maison Rue de Richelieu, ayant Joué le roosle dud. malade Imaginaire fort Incommodé d'un Rhume et fluction sur la poitrine qui luy Causo-
it une grande toux de sorte que dans les grans Efforts qu'il fist
pour cracher il se rompit une veyne dans le Corps et ne
vescut pas demye heure ou trois quarts d'heure depuis lad.
veyne Rompue et son Corps Est Enterré a St. Joseph ayde
de la parroisse St. Eustache. Il y a une tombe Eslevée d'un
pied hors de terre.

Dans le desordre ou la troupe se trouva apres cette perte
Irreparable le Roy eust dessein de Joindre les acteurs qui l...

Les contemporains de Molière

•

Robinet fait un compte rendu élogieux de la représentation :

Notre vrai Térence françois
Qui vaut mieux que l'autre cent fois,
Molière, cet incomparable
Et de plus en plus admirable,
Attire aujourd'hui tout Paris
Par le dernier de ses écrits
Où d'un Malade imaginaire
Il nous dépeint le caractère
Avec des traits si naturels
Qu'on ne peut voir de portraits tels.
La Faculté de médecine
Tant soit peu, dit-on, s'en chagrine.

Robinet, *Gazette rimée* (18 février 1673).

Madame de Sévigné partage cette condamnation des médecins :

Ah ! que j'en veux aux médecins ! quelle forfanterie que leur art ! On me contait hier cette comédie du Malade imaginaire, *que je n'ai point vue : il était donc dans l'obéissance exacte à ces messieurs ; il comptait tout : c'était seize gouttes d'un élixir dans treize cuillerées d'eau. S'il y en eût eu quatorze, tout était perdu. Il prend une pilule. On lui a dit de se promener dans sa chambre. Mais il est en peine et demeure tout court, parce qu'il a oublié si c'est en long ou en large : cela me fit fort rire et l'on applique cette folie à tout moment.*

Mme de Sévigné, *Lettre* du 16 septembre 1676.

Perrault, l'auteur des *Contes*, trouve que Molière aurait mieux fait d'attaquer les mauvais médecins que la médecine en général :

Molière attaque les mauvais médecins par deux pièces fort comiques dont l'une est Le Médecin malgré lui *et l'autre* Le Malade imaginaire. *On peut dire qu'il se méprit un peu dans cette dernière pièce et qu'il ne se contint pas dans les bornes de la comédie ; car au lieu de se contenter de blâmer les mauvais médecins, il attaqua la médecine en elle-même, la traita de science frivole et posa pour principe qu'il est ridicule à un homme d'en vouloir guérir un autre [...]. Il n'a pu trop maltraiter les charlatans et les ignorants médecins, mais il devait en demeurer là et ne pas tourner en ridicule les bons médecins que l'Écriture même nous enjoint d'honorer.*

Charles Perrault, *Les Hommes illustres qui ont vécu en France pendant ce siècle*, 1696.

Au XVIIIe siècle

Fénelon déplore les excès de la farce :

Je ne puis m'empêcher de croire [...] que Molière, qui peint avec tant de force et de beauté les mœurs de son pays, tombe trop bas quand il imite le badinage de la comédie italienne.

Fénelon, *Lettre à l'Académie*, 1716.

De même que Vauvenargues :

Molière me paraît un peu répréhensible d'avoir pris des sujets trop bas. La Bruyère, animé à peu près du même génie, a peint avec la même vérité et la même véhémence que Molière, les travers des hommes, mais je crois que l'on peut trouver plus d'éloquence et plus d'élévation dans ses peintures.

Luc de Clapiers de Vauvenargues,
Réflexions critiques sur quelques poètes, 1744.

Voltaire répond à Vauvenargues en prenant la défense de Molière :

Je conviendrais sans doute que Molière est inégal dans ses vers ; mais je ne conviendrais pas qu'il ait choisi des personnages et des sujets trop bas. Les ridicules fins et délicats dont vous parlez ne sont agréables que pour un petit nombre d'esprits déliés. Il faut au public des traits plus marqués. De plus, ces ridicules si délicats ne peuvent guère fournir des personnages de théâtre. Un défaut presque imperceptible n'est guère plaisant. Il faut des ridicules forts, des impertinences dans lesquelles il entre de la passion, qui soient propres à l'intrigue. Il faut un joueur, un avare, un jaloux, etc...

Voltaire, *Lettre à Vauvenargues*, 7 janvier 1745.

Au XIXe siècle

Goethe ne cache pas son admiration pour Molière ; il apprécie tout particulièrement *Le Malade imaginaire* :

Du reste, si, nous autres modernes, nous voulons apprendre à bien diriger nos efforts pour réussir au théâtre, Molière est l'homme auquel nous devons nous adresser. Connaissez-vous son Malade imaginaire *? Il y a là-dedans une scène qui, toutes les fois que je lis cette pièce, se montre à moi comme le symbole d'une connaissance parfaite des planches : je veux parler de celle où le malade imaginaire interroge sa petite fille Louison pour savoir d'elle si un jeune homme ne s'est pas trouvé dans la chambre de sa sœur aînée.*
Tout autre qui n'aurait pas entendu son métier aussi bien que Molière aurait fait à l'instant même et tout simplement raconter l'histoire par la jeune Louison et tout eût été fini.
Mais combien Molière, par une multitude de motifs qui retardent cette découverte, sait animer cet examen et impressionner le spectateur !

D'abord, la petite Louison affecte de ne pas comprendre son père ; ensuite elle nie qu'elle sache quelque chose, puis, menacée de verges, elle tombe et fait la morte. Enfin, au moment où son père s'abandonne au désespoir, elle se relève de son évanouissement simulé avec un air qui respire à la fois la ruse et la gaieté et se décide à faire, peu à peu, des aveux complets.

Johann Wolfgang von Goethe, *Entretiens avec Eckermann*, 1821, trad. franç. de J. Chuzeville, Gallimard.

Gautier demande que l'on joue l'œuvre de Molière dans son intégralité, avec les intermèdes :

Maintenant, nous demanderons pourquoi l'on ne joue pas tout Molière tel qu'il est imprimé, avec ses intermèdes de Polichinelles, de Trivelins, de Scaramouches, de Pantalons, et Matassins ? Nous regrettons fort tout ce monde bizarre et charmant qui traverse ses comédies avec des entrechats, des chansons et des éclats de rire, comme de folles lubies passant par une sage cervelle. Combien nous les aimons, ces bohémiens et ces égyptiennes, qui dansent en s'accompagnant des gnacares ; — ces Mores extravagants, ces Basques et ces Poitevins exécutant des pas et des courantes ; — ces Espagnols et ces Italiennes chantant, dans leur langue sonore et flexible, l'éternelle complainte de l'amour ; — ces bergers et ces bergères qui, pour ne pas ressembler à ceux de Théocrite et de Virgile, n'en alternent pas moins agréablement le madrigal ! — Entre chaque acte d'une pièce de Molière, se trouve une petite pièce délicieuse qu'on coupe comme inutile. Quelle drôle de manière de respecter l'œuvre du plus grand homme que la nature ait produit !

Théophile Gautier, *Histoire de l'Art dramatique*, 1858.

Saint-Victor, ami de Gautier, propose une lecture tragique de la pièce :

Dans Le Malade imaginaire, *c'est l'agonie que le poète étale en dérision sur la scène, l'agonie bourgeoise, vulgaire, prosaïque, entourée des fioles fétides et des instruments ridicules de la pharmacie. Dès la première scène, Argan détaillant le compte de l'apothicaire nous fait assister à son autopsie. Ce ne sont « qu'entrailles amollies, mauvaises humeurs évacuées, bile expulsée », toutes les souillures de la guenille humaine étalées et retournées au grand jour. Je veux bien que les maux du bonhomme soient imaginaires, mais il mourra des remèdes s'il ne meurt pas de la maladie. Voyez le ravage et le peu de chair et le peu de souffle qui doivent rester au pauvre hère émacié par ce régime effroyable. Il souffre donc, et comme un damné, dans sa maison qui est un enfer. Il est la proie d'une ménagère qui le dépouille avant qu'il soit mort et le jouet d'une servante qui l'assourdit de son bavardage. Tandis que l'hypocrite Béline sucre sa tisane, bassine son linceul et borde sa bière, l'effrontée Toinette se moque de ses tortures et le berne sur les draps mêmes de son lit funèbre. On le laisse, sans lui répondre, agiter convulsivement la sonnette qui tinte comme un glas et emplit comme un tocsin sa chambre vide.*

Paul de Saint-Victor, *Les Deux Masques*, 1880.

L'acteur Coquelin, dit Coquelin cadet (frère de l'illustre créateur du rôle de Cyrano de Bergerac dans la pièce de Rostand), interpréta le rôle d'Argan ; voici ce qu'il en dit :

> *Argan est insupportable, il crie, court, se remue follement dans son fauteuil, il est bougon, colérique, plein de santé, comme le malade imaginaire. Il n'est pas neurasthénique... oh non ! il mange bien, boit sec, dort comme un sonneur... il a une idée fixe : la maladie, et il devient le pantin de cette maladie.*
> *Le Malade imaginaire est une comédie de caractère admirable, touchant à la farce, et il est nécessaire d'être caractéristique et drolatique dans le personnage d'Argan, pittoresque et pictural, plein de mouvement et de force.*
>
> Coquelin cadet, cité par Francisque Sarcey, *Quarante Ans de théâtre*, t. II, 1900.

Sarcey répond à Coquelin cadet :

> *Comment Cadet ne voit-il pas ce qui depuis deux siècles a crevé les yeux de tous les critiques ou plutôt de tout le monde, qu'Argan est, en effet, et très réellement, un malade imaginaire, un hypocondriaque si l'on aime mieux et que Molière, par un coup de génie, a fait de lui un sanguin qui sursaute au moindre incident, s'irrite, s'emballe, jusqu'à ce qu'un mot lui rappelle qu'il est malade et très malade. Le comique de la pièce, un comique très profond, est tout entier dans le contraste incessamment renouvelé d'un égoïste, ramassé sur sa prétendue maladie, qui sacrifierait femme et enfants à sa santé et qui s'échappe sans cesse de cette contemplation où il vit par des à-coups de fureur que provoquent à plaisir ceux qui l'entourent.*
>
> Francisque Sarcey, *Quarante Ans de théâtre*, t. II, 1900.

Et il poursuit, à propos de Toinette :

> *La gaieté se passe d'esprit. Elle n'a qu'un mérite, mais il est grand : c'est d'être gaie... La Toinette de Molière n'a pas pour un sou d'esprit : elle est gaie. C'est une brave fille, de bonne humeur et de bon sens, qui aime le gros rire et s'abandonne à toutes les fantaisies qui lui traversent la cervelle... Tout le long de la pièce Toinette aura de ces idées folles qui ne seront drôles que par le contraste. Si Toinette était une fine mouche, est-ce qu'avant de décider Argan à cette épreuve terrible où il contrefait le mort pour savoir les secrets de sa famille, elle n'aurait pas de longue main préparé la scène pour la faire réussir ? Mais point du tout : c'est une imagination fantasque qui lui passe par la tête : sitôt pris, sitôt pendu. Elle ne songe point aux conséquences ; non, cela lui est venu tout d'un coup, et du projet elle a passé à l'action. C'est une comédie et toute comédie l'amuse. Elle se la donne à elle-même pour son propre plaisir ; elle en prend sa part ; elle en rit la première.*
>
> Francisque Sarcey, *ibid.*

Lemaitre, célèbre critique littéraire de la fin du XIXe siècle, s'interroge sur la portée morale de la pièce :

> *Je me demande quelle impression bienfaisante et quelle leçon de morale les enfants peuvent bien rapporter du* Malade imaginaire. *Ils y voient un père*

de famille égoïste, maniaque et ridicule, dupé par sa femme et berné par sa servante. Ils y voient une jeune fille amoureuse d'un jeune homme rencontré dans la rue et déclarant son amour à ce bel inconnu, en musique et à la barbe de son père. Le bon élève, l'élève soumis et piocheur, leur a été présenté sous les traits de Thomas Diafoirus. Ils y ont vu les notaires et les hommes de loi sous les espèces de M. Bonnefoi, et ils ont appris que les médecins sont des ânes ou des charlatans... Je doute que cette admirable farce leur ait été une leçon de respect. Hé oui ! Angélique est charmante et même fort honnête fille ; la petite Louison est délicieuse ; Toinette a raison, Cléante a raison, Béralde a raison, Molière a raison. Il n'en est pas moins vrai qu'on sent dans Le Malade imaginaire, *comme dans la plus grande partie du théâtre de Molière, passer un souffle de révolte.*

Jules Lemaitre, *Impressions de théâtre*, t. I, 1888.

Au XXe siècle

•

Donnay souligne la richesse d'inspiration de l'œuvre :

Il y a de tout dans ce Malade imaginaire *: de la comédie gaie, de la comédie cruelle, de la grande comédie et de la farce. Malgré la gaieté qui circule à travers la plupart des scènes, malgré le dialogue si amusant, c'est la comédie de la maladie et de la mort ; c'est la comédie de la désillusion médicale, comme* George Dandin *était la comédie de la désillusion conjugale. Les scènes du Testament, les scènes où Argan contrefait le mort témoignent des pressentiments et des préoccupations de Molière. Serai-je sincèrement regretté quand je ne serai plus ? Qui me pleurera ? Ah ! que je voudrais assister à mes obsèques, voir ma femme, ma fille, mes amis, entendre ce qu'ils diront !*

Maurice Donnay, *Molière*, 1911.

Gide voit dans cette pièce celle qu'il préfère, parmi toutes celles de Molière :

De toutes les pièces de Molière, c'est décidément Le Malade imaginaire *que je préfère ; c'est elle qui me paraît la plus neuve, la plus hardie, la plus belle — et de beaucoup. Si cette pièce était un tableau, comme on s'extasierait sur sa* matière. *Molière, lorsqu'il écrit en vers, s'en tire à coups d'expédients ; il connaît maints menus trucs pour satisfaire aux exigences de la mesure et de la rime. Mais, malgré sa grande habileté, l'alexandrin fausse un peu le ton de sa voix. Elle est d'un naturel parfait dans le* Malade *(et dans le* Bourgeois*). Je ne connais pas de prose plus belle. Elle n'obéit à aucune loi précise ; mais chaque phrase est telle que l'on n'en pourrait changer, sans l'abîmer, un seul mot. Elle atteint sans cesse une plénitude admirable ; musclée comme les athlètes de Puget ou les esclaves de Michel-Ange et comme gonflée, sans enflure, d'une sorte de lyrisme de vie, de bonne humeur et de santé. Je ne me lasse pas de la relire et ne tarirais pas à la louer. Je relis, sitôt ensuite, le* Bourgeois. *Si belles et sages que soient certaines scènes, un volontaire étirement des dialogues me laisse, par comparaison,*

Gravure anonyme tirée d'une édition de 1692 (Lyon, Jacques Lyons éditeur) et illustrant la scène 14 de l'acte III (dernière scène de la pièce) ; au centre, Argan contrefaisant le mort ; à droite, Angélique, pleurant appuyée au fauteuil de son père, et Cléante ; à gauche, Béralde et Toinette (Paris, Bibliothèque de l'Arsenal).

admirer d'autant plus le grain serré de l'étoffe du Malade, *si solide, si épaisse, si drue. Et quelle solennité, quel* schaudern *donne à chaque scène le contact secret avec la mort. C'est avec elle que tout se joue ; l'on se joue d'elle ; on le fait entrer dans la danse.*

André Gide, *Journal*, 1er et 2 juillet 1941, Gallimard.

Pierre Valde souligne les capacités d'« autodérision » de Molière dans cette œuvre :

Même s'il y a dans ces pages une réalité cruelle, même si, comme on l'a dit maintes fois, Molière pensait à son propre cas lorsqu'il créait le personnage d'Argan, le fait même qu'il ait raillé et ridiculisé Argan démontre son état d'esprit, sa volonté de neutraliser et de faire tourner court, dans un vaste éclat de rire, des sentiments et des passions qui mènent à grands pas au tragique. Molière, en riant lui-même, a voulu qu'on en rie.

Pierre Valde, *Le Malade imaginaire*, Le Seuil, Coll. « Mises en scène », 1946.

Antoine Adam propose une double analyse de la pièce :

Molière, en écrivant Le Malade imaginaire, *veut faire la satire de la Faculté de médecine. Il n'est pas un simple amuseur. Il prétend railler certaines erreurs, affirmer une attitude, une doctrine. Contre la médecine, il ose dire son hostilité. Il affiche à son endroit un scepticisme radical. La nature est enveloppée de voiles. L'homme est incapable de pénétrer jusqu'à ses secrets. Tout le monde ignore. La différence qu'il est possible de découvrir entre certains médecins et leurs confrères, c'est que les uns sont des naïfs qui partagent les erreurs du vulgaire, tandis que les autres savent très bien leur ignorance et jouent lucidement la comédie [...].*
Molière a un mot pourtant qui ouvre d'autres perspectives. Si la Nature se dissimule sous des voiles, c'est, dit-il, « jusques ici ». Il admettait par conséquent la possibilité d'un progrès, d'une conquête de l'homme sur les forces mystérieuses. [...] Il croit à la circulation du sang, il croit à la raison, il croit « aux découvertes de notre siècle ». Voilà, à le bien prendre, l'exacte portée du Malade imaginaire *et voilà par où il se rattache au projet d'une comédie dirigée contre la Faculté de théologie. Cette terrible satire, en effet, ne tombe pas seulement sur le corps médical, sur ses routines, son respect des formalités, son ignorance prétentieuse. Elle ne tombe pas seulement sur la médecine. Elle atteint, elle enveloppe la scolastique, la philosophie officielle, l'aristotélisme des Facultés.*

Antoine Adam, *Histoire de la littérature française au XVIIe siècle*, t. III, Domat, 1952.

Ce même commentateur ajoute, à propos du personnage d'Angélique :

Angélique, c'est la naissance de l'amour, ses divines naïvetés, sa surprise émerveillée. Mais c'est aussi un petit être qui défend âprement son bonheur.

Antoine Adam, *ibid.*

Francine Mallet s'interroge sur les motivations de Molière :

En écrivant Le Malade imaginaire, *Molière accepte-t-il la mort ou fait-il semblant ? [...]*
Le Malade imaginaire *est le feu d'artifice que s'offre Molière et qu'il offre*

aux autres. La vengeance qu'il tire des médecins a dû guérir sa mélancolie, mais c'est en la jouant qu'il est mort. [...]
Sa toux, dont les spectateurs ne pouvaient pas ignorer les progrès, sa dysenterie, à laquelle il fait finalement allusion, l'ont autorisé à traiter des malades et des maladies. S'il rit de ceux qui ont la superstition de la médecine, il voudrait bien pouvoir y croire lui-même. Malgré ses attaques vengeresses, il a parfois mis quelque espoir en les médecins, comme tous les malades qui tiennent à la vie.

Francine Mallet, *Molière*, 1986, Grasset.

Alfred Simon souligne la réussite d'une pièce apparemment « secondaire » :

Le Malade imaginaire *n'est après tout qu'une comédie-ballet en trois actes. La dernière pièce de Molière a toutes les apparences d'une pièce secondaire. Il a bâti son intrigue à peu de frais, se contentant de reprendre un schéma qui lui a déjà beaucoup servi, commun aux grandes comédies et aux farces : un père veut marier sa fille contre son gré à l'homme qui flatte son idée fixe ou son vice : un dévot, un gentilhomme, un médecin. Il reprend, à peine retouchées, des scènes entières de pièces antérieures. Et la cérémonie finale répète, sous une autre forme, la cérémonie turque du* Bourgeois gentilhomme. *Jeux de tréteaux, jeux de masques, « le carnaval autorise cela ». [...]*
[Mais] la dernière pièce est la première à atteindre la grande comédie au cœur de la farce et, plus rare encore, la farce au cœur de la grande comédie.

Alfred Simon, *Molière, une vie*, 1987, La Manufacture.

Enfin, le metteur en scène Gildas Bourdet insiste sur la troublante profondeur du rire ultime de Molière :

Pour être drôle, il faut renoncer à être gai. Molière n'est pas un auteur gai, mais, à n'en pas douter, il est un auteur drôle. Ici, sa drôlerie a partie liée avec la mort et, qui plus est, à la sienne propre. Tentative vertigineuse d'apprivoiser l'innommable dans l'ironie bouffone et farcesque. [...]
Chez Molière, l'entourage, Toinette en tête, résiste. À chacun sa mort après tout, et Argan, le dictateur domestique morbide, en sera pour ses frais. Le deuil viendra sans doute à son heure, mais il n'obligera pas la maisonnée à prendre le sien de son vivant. Il faut choisir, ou être mort ou être vif. Ce choix, Argan le refuse, et c'est bien là la forme d'une folie. Cette folie, Molière, jusqu'à son dernier souffle, veut la conjurer. Il écrit Le Malade imaginaire *et se conforme à la leçon qu'il se donne à lui-même en dépit de la conscience qu'il a de sa fin inéluctable. Jusqu'à sa mort il se comptera parmi les vivants.*
Le Malade imaginaire *résonne du rire d'un homme qui se savait condamné, et ce rire n'a pas fini de nous troubler.*

Gildas Bourdet, *Comédie-Française, Le Journal*, 3e trimestre 1991.

Argan et Monsieur Purgon par Daumier (1808-1879).

LES ÉTUDES

Après avoir été reçu maître ès arts — ce qui assurait qu'il connaissait le latin — l'étudiant s'inscrivait à la faculté de médecine de Paris, à condition d'être catholique. (Les étudiants de province ne peuvent exercer la médecine à Paris.) Les droits d'inscription étaient très élevés, sauf pour les fils de médecin, si bien que les étudiants faisaient parfois d'autres métiers pour payer leurs études.
La faculté commence à 6 h : on écoute les bacheliers qui répètent les leçons de la veille. Les cours traitent de : l'anatomie, la physiologie, l'hygiène, la diététique, la pathologie, la thérapeutique, la botanique, pour connaître les plantes dont sont constitués les médicaments. Il n'y a pas de travaux pratiques : simplement, au cours d'anatomie, un barbier-chirurgien (métier méprisé) dissèque un mort (condamné à la peine capitale), pendant que le professeur disserte ! L'étudiant (philiatre) présente les épreuves du baccalauréat à vingt-cinq ans. Elles comportent l'explication d'un aphorisme (pensée) d'Hippocrate (médecin grec du Ve siècle av. J.-C., tenu pour le « Père de la médecine »). Après quoi, il doit présenter une thèse de quatre pages en latin sur les sujets les plus divers. Exemples : « Les Parisiens sont-ils sujets à la toux quand souffle le vent du nord ? », ou « Faut-il tenir compte des phases de la lune pour la coupe de cheveux ? », ou encore « L'amour est-il bon pour la santé ? » Ensuite, l'étudiant présente la licence, qui permet d'exercer : il s'agit d'une sorte d'entretien sur la vie du futur médecin et de sa famille. Il y a alors une grande cérémonie et une célébration religieuse.

LA PRATIQUE DU MÉTIER

Le médecin ne dispose que de quelques instruments : seringues à clystère, bassins, fioles. Il est vêtu d'une robe noire (violette pour les cérémonies). À la ville, il s'habille comme tout le monde. En principe, il porte la barbe. Il se déplace généralement sur une mule, par commodité.
Son diagnostic repose sur trois éléments : le pouls, la couleur des urines et l'aspect des selles. Il a des notions très confuses sur le corps humain.
L'apothicaire manipule et vend les produits médicamenteux et accompagne le médecin pour administrer le clystère selon les prescriptions. Il est considéré comme un artisan.

Les malades sont naïfs et crédules, uniquement préoccupés de leurs maladies et prêts à croire toutes les sornettes que leur diraient leurs médecins... au point que n'importe qui peut remplir cette fonction. Il existe aussi de faux malades, des gens qui s'aiment tant qu'ils se croient en permanence en proie à toutes les maladies. Les médecins, eux, sont des automates qui appliquent à la lettre des préceptes et ne cherchent pas à guérir leurs malades.
Ce sont des charlatans ignorants et avides : tel est le message de Molière. C'est aussi ce que l'on trouve dans d'autres textes avant et après Molière, en France et ailleurs.

Avant Molière

•

Bien avant Molière, les médecins ou apothicaires charlatans sont sujets de farces, comme dans le fabliau *Le Vilain Mire* (XIIe-XIVe s.) ou dans *Le Marchand de merde* de Merlin Coccain (1491-1549).

> *... si je pouvais tenir cet insolent, cet affronteur qui m'a vendu de la merde pour du miel, je lui ferois bien voir que ce n'est pas un Apothicaire qu'il faut se jouer. Je n'ose me plaindre de la friponnerie qu'on m'a faite, car tout le monde encore se mocqueroit de moi.*

Autre exemple dans *Le Mallade* de Marguerite de Navarre (1592-1549).

> Le Mallade
> *Allez bien tost, ne tardez poinct*
> *Ung bonc Medecin me quérir.*
> La femme
> *Toujours à eulx voullez courir ;*
> *Mais leur patte est trop dangereuse,*
> *Car, l'autre jour, feirent mourir*
> *La fille de la Proculeuse*[1].

1. Procureur.

Dans *Richard II* de Shakespeare (1564-1616), lorsque la Comtesse demande si le Roi va se rétablir, Lafeu répond :

> *Il a congédié ses médecins, après avoir, sous leur direction, épuisé le temps en espérance, sans recueillir de leurs soins d'autre avantage que le perte de toute espérance avec le temps.*

Dans *Les Charlatans* (1605) de Ben Johnson, le Charlatan s'exprime d'une manière qui n'a rien à envier à la consultation que Toinette donne à Argan :

> *... il entre dans cette huile six cents différentes plantes, indépendamment d'une certaine quantité de graisse humaine, qui est nécessaire pour leur*

conglutination, et que nous achetons à des anatomistes. Mais quand ces praticiens en viennent à la dernière décoction, pouf ! pouf ! tout s'en va en fumée. Ha ! ah ! ah ! pauvres diables ! J'ai pitié de leur folie plutôt que de la perte de leur argent ; car cette perte peut se réparer avec de l'industrie, mais être fou de naissance, c'est une maladie incurable...

Dans *Les Ménechmes* (1632) de Rotron, adaptation libre d'une comédie de Plaute (dramaturge latin), l'incompétence et la malhonnêteté des médecins sont clairement dénoncées :

Le Vieillard
Qu'il est long à venir ! que je suis las d'attendre !
Et que de vains discours il me va faire entendre !
Il persuadera, si l'on veut l'écouter,
Qu'un mort, par son moyen, vient de ressusciter ;
Qu'il a remis la jambe, ou le bras de Mercure,
Ou qu'il a guéri Mars d'une insigne blessure :
Cependant qui sauroit ce qu'il fait là-dedans,
Le verroit consulter sur quelque mal de dents.
Il descend, je le vois.
Le Médecin
Dieux ! qu'au siècle où nous sommes
On doit peu faire état de la santé des hommes !
Un jour peut ruiner les plus fortes santés.
Le plus sain est sujet à mille infirmités ;
Nous produisons en nous les humeurs qui nous nuisent,
Et d'eux-mêmes nos corps tous les jours se détruisent.
Le Vieillard
Cette destruction produit votre intérêt ;
Les médecins sont mal quand personne ne l'est.

Enfin, dans une très courte fable, La Fontaine présente la discussion de deux médecins au chevet d'un mourant (*Fables*, V, 12, 1668) :

Les Médecins
Le médecin Tant-pis allait voir un malade
Que visitait aussi son confrère Tant-mieux.
Ce dernier espérait, quoique son camarade
Soutînt que le gisant irait voir ses aïeux.
Tous deux s'étant trouvés différents pour la cure,
Leur malade paya le tribut à nature[1]*,*
Après qu'en ses conseils Tant-pis eut été cru.
Ils triomphaient encor sur cette maladie.
L'un disait : « Il est mort ; je l'avais bien prévu.
— S'il m'eût cru, disait l'autre, il serait plein de vie. »

1. *Paya le tribut à nature* : mourut.

Chez Molière

●

Molière n'a pas attendu sa dernière pièce pour dénoncer les médecins charlatans. Dès ses débuts, dans *Le Médecin volant* (1659), il propose une satire féroce de la médecine, en mettant en scène Sganarelle, valet déguisé en médecin pour mieux faire triompher les amours de son maître. Appelé au chevet de Lucile, Sganarelle, au cours de la consultation, boit l'urine de sa patiente et explique (sc. 4) :

> [...] *Les médecins, d'ordinaire, se contentent de la regarder ; mais moi, qui suis un médecin hors du commun, je l'avale parce qu'avec le goût je discerne bien mieux la cause et les suites de la maladie. Mais, à vous dire la vérité, il y en avait trop peu pour asseoir un bon jugement : qu'on la fasse encore pisser.*

Dans *L'Amour médecin* (1665), ce sont de vrais médecins qui font étalage de leur incompétence :

> Monsieur Tomès. *Monsieur, nous avons raisonné sur la maladie de votre fille, et mon avis, à moi, est que cela procède d'une grande chaleur de sang : ainsi je conclus à la saigner le plus tôt que vous pourrez.*
> Monsieur des Fonandrès. *Et moi, je dis que sa maladie est une pourriture d'humeurs, causée par une trop grande réplétion : ainsi je conclus à lui donner de l'émétique.*
> Monsieur Tomès. *Je soutiens que l'émétique la tuera.*
> Monsieur des Fonandrès. *Et moi, que la saignée la fera mourir.*
> Monsieur Tomès. *C'est bien à vous de faire l'habile homme.*
> Monsieur des Fonandrès. *Oui, c'est à moi ; et je vous prêterai le collet en tout genre d'érudition.*
> Monsieur Tomès. *Souvenez-vous de l'homme que vous fîtes crever ces jours passés.*
> Monsieur des Fonandrès. *Souvenez-vous de la dame que vous avez envoyée en l'autre monde, il y a trois jours.*
> Monsieur Tomès, à Sganarelle. *Je vous ai dit mon avis.*
> Monsieur des Fonandrès, à Sganarelle. *Je vous ai dit ma pensée.*
> Monsieur Tomès. *Si vous ne faites saigner tout à l'heure votre fille, c'est une personne morte.* (Il sort.)
> Monsieur des Fonandrès. *Si vous la faites saigner, elle ne sera pas en vie dans un quart d'heure.* (Il sort.)

Dans *Dom Juan* (1665), nous retrouvons Sganarelle, provisoirement déguisé en médecin ; l'occasion, pour Molière, de poursuivre sa dénonciation (acte III, sc. 1) :

> Don Juan. *Il est vrai que te voilà bien, et je ne sais où tu as été déterrer cet attirail ridicule.*
> Sganarelle. *Oui ? C'est l'habit d'un vieux médecin, qui a été laissé en gage au lieu où je l'ai pris, et il m'en a coûté de l'argent pour l'avoir. Mais savez-vous, monsieur, que cet habit me met déjà en considération, que je*

suis salué des gens que je rencontre, et que l'on me vient consulter ainsi qu'un habile homme ?
Don Juan. *Comment donc ?*
Sganarelle. *Cinq ou six paysans et paysannes, en me voyant passer, me sont venus demander mon avis sur différentes maladies.*
Don Juan. *Tu leur as répondu que tu n'y entendais rien ?*
Sganarelle. *Moi ? Point du tout. J'ai voulu soutenir l'honneur de mon habit : j'ai raisonné sur le mal, et leur ai fait des ordonnances à chacun.*
Don Juan. *Et quels remèdes encore leur as-tu ordonnés ?*
Sganarelle. *Ma foi ! monsieur, j'en ai pris par où j'en ai pu attraper ; j'ai fait mes ordonnances à l'aventure, et ce serait une chose plaisante si les malades guérissaient, et qu'on m'en vînt remercier.*
Don Juan. *Et pourquoi non ? Par quelle raison n'aurais-tu pas les mêmes privilèges qu'ont tous les autres médecins ? Ils n'ont pas plus de part que toi aux guérisons des malades, et tout leur art est pure grimace. Ils ne font rien que recevoir la gloire des heureux succès, et tu peux profiter comme eux du bonheur du malade, et voir attribuer à tes remèdes tout ce qui peut venir des faveurs du hasard et des forces de la nature.*
Sganarelle. *Comment, monsieur, vous êtes aussi impie en médecine ?*
Don Juan. *C'est une des grandes erreurs qui soit parmi les hommes.*
Sganarelle. *Quoi ? vous ne croyez pas au séné, ni à la casse, ni au vin émétique ?*
Don Juan. *Et pourquoi veux-tu que j'y croie ?*
Sganarelle. *Vous avez l'âme bien mécréante. Cependant vous voyez depuis un temps que le vin émétique fait bruire ses fuseaux. Ses miracles ont converti les plus incrédules esprits, et il n'y a pas trois semaines que j'en ai vu, moi qui vous parle, un effet merveilleux.*
Don Juan. *Et quel ?*
Sganarelle. *Il y avait un homme qui, depuis six jours, était à l'agonie ; on ne savait plus que lui ordonner, et tous les remèdes ne faisaient rien ; on s'avisa à la fin de lui donner de l'émétique.*
Don Juan. *Il réchappa, n'est-ce pas ?*
Sganarelle. *Non, il mourut.*
Don Juan. *L'effet est admirable.*
Sganarelle. *Comment ? il y avait six jours entiers qu'il ne pouvait mourir, et cela le fit mourir tout d'un coup. Voulez-vous rien de plus efficace ?*
Don Juan. *Tu as raison.*

Enfin, dans *Le Médecin malgré lui* (1666), consulté sur le mutisme subit de la jeune Lucinde, Sganarelle, encore lui, répond que la maladie est provoquée « par de certaines humeurs, qu'entre nous autres savants nous appelons humeurs peccantes ; peccantes, c'est-à-dire... humeurs peccantes »; il ajoute (acte II, sc. 4) :

Sganarelle. *Or ces vapeurs dont je vous parle venant à passer, du côté gauche, où est le foie, au côté droit, où est le cœur, il se trouve que le poumon, que nous appelons en latin* armyan, *ayant communication avec le cerveau, que nous nommons en grec* nasmus, *par le moyen de la veine cave, que nous appelons en hébreu* cubile, *rencontre en son chemin lesdites*

vapeurs, qui remplissent les ventricules de l'omoplate ; et parce que lesdites vapeurs... comprenez bien ce raisonnement, je vous prie ; et parce que lesdites vapeurs ont une certaine malignité... Écoutez bien ceci, je vous conjure.
Géronte. *Oui.*
Sganarelle. *Ont une certaine malignité, qui est causée... Soyez attentif, s'il vous plaît.*
Géronte. Je le suis.
Sganarelle. *Qui est causée par l'âcreté des humeurs engendrées dans la concavité du diaphragme, il arrive que ces vapeurs...* Ossabandus, nequeis, nequer, potarinum, quipsa milus[1]. *Voilà justement ce qui fait que votre fille est muette.*

1. Suite de faux mots latins inventés par Sganarelle.

Notons que, la plupart du temps, cette satire de la médecine se développe à la faveur de travestissements : faux médecins, faux apothicaires, faux malades. À cet égard, *Le Malade imaginaire* constitue bien un aboutissement, puisqu'on y trouve et des vrais (Purgon, les Diafoirus et Fleurant) et des faux (Toinette) représentants de la médecine, avec, au centre de la pièce, Argan, vrai-faux malade, dont la maladie réelle consiste à se croire malade !

Après Molière

●

Dans la *Soirée théâtrale* (E. Dentu, édit.), du 8 juin 1877, Arnold Mortier parle du médecin de théâtre :

Homme précieux, du reste, qui applique indistinctement le même remède à tous ses malades, et traite les cors aux pieds de la même façon que les affections intestinales.

Quant au faux malade, crédule et inquiet, il a inspiré à Guy de Maupassant une nouvelle, *Voyage de santé* (1886), dont voici le début :

M. Panard était un homme prudent qui avait peur de tout dans la vie. Il avait peur des tuiles, des chutes, des fiacres, des chemins de fer, de tous les accidents possibles, mais surtout des maladies.
Il avait compris, avec une extrême prévoyance, combien notre existence est menacée sans cesse par tout ce qui nous entoure, la vue d'une marche le faisait penser aux entorses, aux bras et aux jambes cassés, la vue d'une vitre aux affreuses blessures par le verre, la vue d'un chat, aux yeux crevés ; et il vivait avec une prudence méticuleuse, une prudence réfléchie, patiente, complète.
Il disait à sa femme, une brave femme qui se prêtait à ses manies : « Songe, ma bonne, comme il faut peu de chose pour estropier ou pour détruire un homme. C'est effrayant d'y penser. On sort bien portant ; on traverse une rue, une voiture arrive et vous passe dessus ; ou bien on s'arrête cinq minutes sous une porte cochère à causer avec un ami ; et on ne sent pas un petit courant d'air qui vous glisse le long du dos et vous flanque une fluxion de poitrine. Et cela suffit. C'en est fait de vous. »

Il s'intéressait d'une façon particulière à l'article Santé publique, *dans les journaux ; connaissait le chiffre normal des morts en temps ordinaire, suivant les saisons, la marche et les caprices des épidémies, leurs symptômes, leur durée probable, la manière de les prévenir, de les arrêter, de les soigner. Il possédait une bibliothèque médicale de tous les ouvrages relatifs aux traitements mis à la portée du public par les médecins vulgarisateurs et pratiques.*
Il avait cru à Raspail, à l'homéopathie, à la médecine dosimétrique, à la métallothérapie, à l'électricité, au massage, à tous les systèmes qu'on suppose infaillibles, pendant six mois, contre tous les maux. Aujourd'hui, il était un peu revenu de sa confiance, et il pensait avec sagesse que le meilleur moyen d'éviter les maladies consiste à les fuir.

Coco et Toto, de G. Courteline (1858-1929), montre que les erreurs de diagnostic pouvaient prêter encore à rire, il y a un siècle. La mère d'un petit garçon fait venir le médecin parce que son fils tombe tout le temps. Le médecin diagnostique tout d'abord une paralysie, puis :

Eh ! sacrédié, madame, qu'est-ce que vous venez me chanter, avec votre paralysie ?
Madame. *Mais, docteur...*
Le Médecin. *Je le crois, tonnerre de Dieu, bien, qu'il ne puisse tenir sur ses pieds... vous lui avez mis les deux jambes dans la même jambe du pantalon !*

Dans *Knock* de Jules Romain, le docteur Knock a convaincu une dame en bonne santé qu'elle est malade, à la suite d'une chute qu'elle aurait, d'après lui, faite étant enfant :

Knock (tandis qu'il rédige l'ordonnace, assis à sa table). *Il faudra tâcher de trouver une voiture. Vous vous coucherez en arrivant. Une chambre où vous serez seule, autant que possible. Faites fermer les volets et les rideaux pour que la lumière ne vous gêne pas. Défendez qu'on vous parle. Aucune alimentation solide pendant une semaine. Un verre d'eau de Vichy toutes les deux heures et, à la rigueur, une moitié de biscuit, matin et soir, trempée dans un doigt de lait. Mais j'aimerais autant que vous vous passiez de biscuit. Vous ne direz pas que je vous ordonne des remèdes coûteux ! À la fin de la semaine, nous verrons comment vous vous sentez. Si vous êtes gaillarde, si vos forces et votre gaieté sont revenues, c'est que le mal est moins sérieux qu'on ne pouvait le croire, et je serai le premier à vous rassurer. Si au contraire vous éprouvez une faiblesse générale, des lourdeurs de tête, et une certaine paresse à vous lever, l'hésitation ne sera plus permise, et nous commencerons le traitement. C'est convenu ?*
La Dame (en soupirant). *Comme vous voudrez.*

Jules Romain, *Knock*, Gallimard, 1924.

Toutefois, il ne faudrait pas conclure de tous ces rapprochements que la médecine, en littérature, est toujours traitée sur le mode satirique. Au XXe siècle, par exemple, les médecins ne sont pas tous

Le mal de tête. Caricature du XIXe *siècle (B.N.).*

assimilés à Knock, qu'il s'agisse d'Antoine Thibault dans *Les Thibault* (1922-1940) de Roger Martin du Gard, de Laurent Pasquier dans *La Chronique des Pasquier* (1933-1941) de Georges Duhamel, ou du docteur Rieux dans *La Peste* (1947) d'Albert Camus : loin d'être des charlatans, ce sont tous des professionnels scrupuleux, conscients de leurs devoirs comme de leurs limites. En revanche, la littérature contemporaine prend volontiers pour cible l'une des branches essentielles de la médecine moderne, la psychanalyse.

Ainsi, dans le roman de l'écrivain anglais Howard Buten, *Quand j'avais cinq ans, je m'ai tué* (1981), le Dr. Nevele, qui tient enfermé dans un hôpital psychiatrique un petit garçon de huit ans parfaitement sain d'esprit, Gilbert Rembrandt, apparaît bien comme un Monsieur Purgon du XXe siècle, persuadé de la sûreté de son diagnostic, même quand un collègue en doute sérieusement. Voici l'une de ses notes de travail :

> *Rembrandt, Gilbert (suite).*
> *12/10.*
> *Rudyard Walton, thérapeute dans notre institution depuis un an, manifeste beaucoup d'intérêt pour ce patient, bien qu'il soit en fait affecté au pavillon Sud-Ouest, dans lequel il travaille principalement avec des enfants autistiques ou mentalement retardés.*
> *Walton, dont les résultats sont très appréciés dans son service, travaille semble-t-il selon un principe du type « guérisseur-malade », si j'ose dire. Il entre avec chaque malade dans une relation bilatérale et « prend sur lui » en assimilant les symptômes de ses patients, créant ainsi, j'imagine, une relation d'empathie avec eux.*
> *Il n'en a pas moins pris la responsabilité d'intervenir unilatéralement dans le travail que j'ai entrepris avec Gilbert, et j'ai dû lui en parler. Il a nié avoir avec l'enfant la moindre relation thérapeuthique, il dit qu'il éprouve beaucoup de « sympathie » pour ce petit et apprécie sa compagnie. Je ne lui ai pas moins demandé de bien vouloir s'occuper exclusivement de ses propres patients du pavillon Sud-Ouest.*
> *Les relations que Walton établirait avec ce patient seraient forcément nuisibles à la bonne évolution de mon traitement. À l'évidence, la technique de Walton, si technique il y a, a pour effet de renforcer dans un premier temps les comportements de l'enfant, laissant leur modification pour plus tard, dans un second temps, après l'établissement de forts liens relationnels. Or il m'apparaît que les comportements de Gilbert Rembrandt ne doivent nullement être renforcés. Il s'agit en effet d'une attitude sociopathe et destructrice. Elle doit être strictement réprimée dans la moindre de ses manifestations, toute idée de tolérance doit être exclue, et la présence d'un autre thérapeute, que ce soit dans le rôle « d'ami » ou quelque autre, ne peut être tolérée.*
> *Je crois d'ailleurs de mon devoir de signaler que M. Walton a cru pouvoir abandonner sans aucune surveillance un de ses propres patients, un enfant autiste au dernier degré, le petit Carl, en compagnie du seul Gilbert Rembrandt. Un aide-soignant a été gravement blessé par morsure du petit Carl à la suite de ce manquement caractérisé au règlement de notre*

institution. (Walton aurait prétendu par la suite avoir agi de propos délibéré et affirmé que les deux enfants en avaient retiré un certain profit. Quoi qu'il en soit, cette affaire sera examinée par le conseil de discipline la semaine prochaine.)
Walton a également laissé entendre qu'il jugeait que le cas Rembrandt ne relevait pas des soins prodigués dans notre institution. L'enfant n'a, selon lui, rien à faire ici. J'affirme toutefois quant à moi que l'enfant présente de véritables troubles du comportement et a même récemment manifesté des symptômes schizoïdes à tendance nettement paranoïaque, avec complexe de persécution et présence hallucinatoire d'assassins dans mon cabinet, une très évidente tentative de fuite devant la culpabilité à l'égard de la petite Jessica au moyen d'un transfert négatif.
Je me dois donc de réaffirmer mon diagnostic et mon pronostic : il s'agit d'un enfant très gravement affecté dans son comportement et dont le séjour ici sera probablement long.

Howard Buten, *Quand j'avais cinq ans, je m'ai tué*,
trad. franç. de J.-P. Carasso, © Seuil, 1981.

LE THÉÂTRE DANS LE THÉÂTRE

Le théâtre dans le théâtre, c'est-à-dire le fait que, à l'intérieur d'une pièce, les personnages jouent le rôle d'acteurs d'une autre pièce, occupe une place prépondérante dans *Le Malade imaginaire* : tout d'abord, par l'importance donnée au prologue et aux intermèdes ; ensuite, par « l'opéra impromptu » de Cléante et Angélique (acte II, scène 5) ; enfin, par cette farce offerte à un seul spectateur, Béralde, que constitue le déguisement de Toinette en médecin pour consulter Argan (acte III, scène 10).
Mais cette pratique du théâtre dans le théâtre apparaît déjà avant Molière.

Avant Molière

●

Dans *Le Songe d'une nuit d'été* (1600) de Shakespeare, un groupe de paysans prépare une pièce de théâtre (acte I, scène 2) :

Lecoin. *Toute notre troupe est-elle ici ?*
Lefond. *Tu ferais mieux de les appeler tous ensemble l'un après l'autre, comme le dit ce papier.*
Lecoin. *Voici la liste des noms de tous ceux qu'on a jugés capables, dans tout Athènes, de jouer dans l'intermède que nous devons représenter devant le duc et la duchesse, la nuit du jour de leurs noces.*
Lefond. *D'abord, mon bon Pierre Lecoin, dis-nous le sujet de la pièce, puis lis les noms des acteurs. Nous arriverons ainsi à notre affaire.*
Lecoin. *Dame, notre pièce, c'est : la très lamentable comédie et la très cruelle mort de Pyrame et Thisbé.*
Lefond. *Un bien bon ouvrage, je vous assure, et bien gai. Maintenant, mon bon Pierre Lecoin, appelle tes acteurs en suivant la liste. Messieurs, mettez-vous en rang.*
Lecoin. *Répondez à mesure que je vous appellerai. Nicolas Lefond, tisserand.*
Lefond. *Présent. Dis le rôle que je dois faire, puis continue.*
Lecoin. *Toi, Nicolas Lefond, tu es inscrit pour le rôle de Pyrame.*
Lefond. *Qu'est-ce que Pyrame ? un amoureux ou un tyran ?*
Lecoin. *Un amoureux qui se tue fort bravement par amour.*
Lefond. *Pour bien jouer ça, il faudra des larmes. Si c'est moi qui le fais, gare aux yeux de l'auditoire ! Je soulèverai des orages, je vous pousserai de ces lamentations ! Passons aux autres rôles. Pourtant j'ai surtout envie de faire un tyran ; je pourrais vous jouer Hercule de façon extraordinaire, ou encore un rôle à donner des coliques à un chat, à faire tout sauter.*

Les rochers fulminants
Et leurs chocs frémissants
Les verrous briseront
Des portes des prisons,
Et le char du matin
Brillant dans le lointain
Donnera perte ou gain
À l'insensé Destin.

Voilà qui est sublime ! — Maintenant, nomme les autres acteurs. — Ça,

c'est le ton d'Hercule, le ton d'un tyran ; un amant est plus plaintif.
Lecoin. *François laflûte, raccommodeur de soufflets.*
Laflûte. *Présent, Pierre Lecoin.*
Lecoin. *Laflûte, tu dois prendre le rôle de Thisbé.*
Laflûte. *Qu'est-ce que Thisbé ? Un chevalier errant ?*
Lecoin. *C'est la dame dont Pyrame est amoureux.*
Laflûte. *Non, vraiment, ne me fais pas jouer un rôle de femme ; la barbe commence à me venir.*
Lecoin. *Cela ne fait rien ; tu joueras avec un masque et tu te feras une voix aussi petite que tu voudras.*
Lefond. *Si je peux cacher ma figure, laisse-moi aussi jouer le rôle de Thisbé ; je me ferai une voix monstrueusement petite. Comme ceci : — Ah ! Pyrame, mon amant chéri ! ta Thisbé chérie ! ta dame chérie !*
Lecoin. *Non, non, tu dois faire Pyrame, et, toi, Laflûte, Thisbé.*
Lefond. *Soit. Continue.*
Lecoin. *Robin Laffamé, tailleur.*
Laffamé. *Présent, Pierre Lecoin.*
Lecoin. *Robin Laffamé, tu dois faire la mère de Thisbé. Thomas Lebec, chaudronnier.*
Lebec. *Présent, Pierre Lecoin.*
Lecoin. *Toi, tu fais le père de Pyrame ; moi, le père de Thisbé. Quant à toi, Bienadroit, menuisier, tu as le rôle du lion. Et voilà, j'espère, une pièce bien distribuée.*
Bienadroit. *As-tu le rôle du lion par écrit ? Si tu l'as, donne-le-moi, je te prie, car je suis lent à apprendre.*
Lecoin. *C'est un rôle que tu peux improviser, il ne s'agit que de rugir.*
Lefond. *Laisse-moi jouer aussi le lion ; je rugirai si bien que tout le monde aura le cœur en liesse de m'entendre ; je rugirai si bien que le duc dira : — encore un rugissement ! encore un rugissement !*
Lecoin. *Si tu rugissais trop effroyablement, tu ferais peur à la duchesse et à ces dames, elles en pousseraient des cris ; ce serait assez pour nous faire pendre tous.*
Tous. *Pour nous faire pendre tous, enfants de bonne mère.*
Lefond. *Mes amis, j'en conviens, si vous donniez à ces dames une frayeur à leur en tourner la tête, il leur resterait juste assez de raison pour nous faire pendre. Mais je grossirai si bien ma voix que je vous rugirai aussi doucement qu'un pigeonneau qui tète ; je vous rugirai à peu près comme un rossignol.*
Lecoin. *Tu ne peux faire que Pyrame. Pyrame est un beau gars, un homme comme il faut, un homme comme on en rencontre un jour d'été, un homme charmant et bien élevé. Donc il faut absolument que tu joues Pyrame.*
Lefond. *Bon, je m'en charge. Quelle est la barbe qui m'irait le mieux dans ce rôle ?*
Lecoin. *Ma foi, celle que tu voudras.*
Lefond. *Je puis vous jouer ça avec une barbe couleur paille, une barbe orange foncé, une barbe graine de pourpre, une barbe couleur de crâne français, parfaitement jaune.*

LE THÉÂTRE DANS LE THÉÂTRE

Dans *L'Illusion comique* (1636) de Corneille, il y a un enchassement du théâtre dans le théâtre. En effet, Pridammant, étant sans nouvelle de son fils Clindor, demande au magicien Alcandre de lui révéler son sort. Alcandre, d'un coup de baguette magique, fait voir la vie de Clindor à son père. Or il va se révéler qu'il s'agit d'une vie de fantaisie, puisque Clindor est devenu comédien et que c'est à un spectacle que Pridamant vient d'assister ! À la scène 5 de l'acte V, Pridamant croit avoir vu son fils mort :

Pridamant
N'attendez pas de moi des plaintes davantage :
La douleur qui se plaint cherche qu'on la soulage ;
La mienne court après son déplorable sort.
Adieu ; je vais mourir, puisque mon fils est mort.

Alcandre
D'un juste désespoir l'effort est légitime,
Et de le détourner je croirais faire un crime.
Oui, suivez ce cher fils sans attendre à demain ;
Mais épargnez du moins ce coup à votre main ;
Laissez faire aux douleurs qui rongent vos entrailles,
Et pour les redoubler voyez ses funérailles.

Ici on relève la toile, et tous les comédiens paraissent avec leur portier, qui comptent de l'argent sur une table, et en prennent chacun leur part.

Pridamant
Que vois-je ? chez les morts compte-t-on de l'argent ?

Alcandre
Voyez si pas un d'eux s'y montre négligent.

Pridamant
Je vois Clindor ! ah Dieux ! quelle étrange surprise !
Je vois ses assassins, je voix sa femme et Lyse !
Quel charme en un moment étouffe leurs discords,
Pour assembler ainsi les vivants et les morts ?

Alcandre
Ainsi tous les acteurs d'une troupe comique
Leur poème récité, partagent leur pratique :
L'un tue, et l'autre meurt, l'autre vous fait pitié ;
Mais la scène préside à leur inimitié.
Leurs vers font leurs combats, leur mort suit leurs paroles,
Et, sans prendre intérêt en pas un de leurs rôles,
Le traître et le trahi, le mort et le vivant,
Se trouvent à la fin amis comme devant.
Votre fils et son train ont bien su, par leur fuite,
D'un père et d'un prévôt éviter la poursuite ;
Mais tombant dans les mains de la nécessité,
Ils ont pris le théâtre en cette extrémité.

Pridamant
Mon fils comédien !

Alcandre
D'un art si difficile
Tous les quatre, au besoin, ont fait un doux asile ;

Et depuis sa prison, ce que vous avez vu,
Son adultère amour, son trépas imprévu,
N'est que la triste fin d'une pièce tragique
Qu'il expose aujourd'hui sur la scène publique,
Par où ses compagnons en ce noble métier
Ravissent à Paris un peuple tout entier.
Le gain leur en demeure, et ce grand équipage,
Dont je vous ai fait voir le superbe étalage,
Est bien à votre fils, mais non pour s'en parer
Qu'alors que sur la scène il se fait admirer.

Pridamant

J'ai pris sa mort pour vraie, et ce n'était que feinte :
Mais je trouve partout mêmes sujets de plainte.
Est-ce là cette gloire, et ce haut rang d'honneur
Où le devait monter l'excès de son bonheur ?

Alcandre

Cessez de vous en plaindre. À présent le théâtre
Est en un point si haut que chacun l'idolâtre,
Et ce que votre temps voyait avec mépris
Est aujourd'hui l'amour de tous les bons esprits,
L'entretien de Paris, le souhait des provinces,
Le divertissement le plus doux de nos princes,
Les délices du peuple, et le plaisir des grands :
Il tient le premier rang parmi leurs passe-temps ;
Et ceux dont nous voyons la sagesse profonde
Par ses illustres soins conserver tout le monde,
Trouvent dans les douceurs d'un spectacle si beau
De quoi se délasser d'un si pesant fardeau.
Même notre grand Roi, ce foudre de la guerre,
Dont le nom se fait craindre aux deux bouts de la terre,
Le front ceint de lauriers, daigne bien quelquefois
Prêter l'œil et l'oreille au Théâtre-françois :
C'est là que le Parnasse étale ses merveilles ;
Les plus rares esprits lui consacrent leurs veilles ;
Et tous ceux qu'Apollon voit d'un meilleur regard
De leurs doctes travaux lui donnent quelque part.
D'ailleurs, si par les biens on prise les personnes,
Le théâtre est un fief dont les rentes sont bonnes ;
Et votre fils rencontre en un métier si doux
Plus d'accommodements qu'il n'eût trouvé chez vous.
Défaites-vous enfin de cette erreur commune,
Et ne vous plaignez plus de sa bonne fortune.

Pridamant

Je n'ose plus m'en plaindre, et vois trop de combien
Le métier qu'il a pris est meilleur que le mien.
Il est vrai que d'abord mon âme s'est émue :
J'ai cru la comédie au point où je l'ai vue ;
J'en ignorais l'éclat, l'utilité, l'appas,
Et la blâmais ainsi, ne la connaissant pas.
Mais depuis vos discours mon cœur plein d'allégresse
A banni cette erreur avecque sa tristesse.

Chez Molière

•

Molière avait déjà utilisé ce thème auparavant. Par exemple, dans *Le Bourgeois gentilhomme* (1670), à l'acte IV, scène 5, a lieu « la cérémonie turque » au cours de laquelle Monsieur Jourdain va devenir « Mamamouchi » (faux dignitaire oriental) :

> Covielle. *Ha, ha, ha. Ma foi ! cela est tout à fait drôle. Quelle dupe ! Quand il aurait appris son rôle par cœur, il ne pourrait pas le mieux jouer. Ah ! ah ! Je vous prie, Monsieur, de nous vouloir aider céans, dans une affaire qui s'y passe.*
> Dorante. *Ah, ah, Covielle, qui t'aurait reconnu ? Comme te voilà ajusté !*
> Covielle. *Vous voyez. Ah, ah !*
> Dorante. *De quoi ris-tu ?*
> Covielle. *D'une chose, Monsieur, qui le mérite bien.*
> Dorante. *Comment ?*
> Covielle. *Je vous le donnerais en bien des fois, Monsieur, à deviner le stratagème dont nous nous servons auprès de Monsieur Jourdain, pour porter son esprit à donner sa fille à mon maître.*
> Dorante. *Je ne devine point le stratégème ; mais je devine qu'il ne manquera pas de faire son effet, puisque tu l'entreprends.*
> Covielle. *Je sais, Monsieur, que la bête vous est connue.*
> Dorante. *Apprends-moi ce que c'est.*
> Covielle. *Prenez la peine de vous tirer un peu plus loin, pour faire place à ce que j'aperçois venir. Vous pourrez voir une partie de l'histoire, tandis que je vous conterai le reste.*
> La cérémonie turque pour ennoblir le Bourgeois se fait en danse et en musique, et compose le quatrième intermède.
> Le Mufti, quatre Dervis, six Turcs dansants, six Turcs musiciens, et autres joueurs d'instruments à la turque, sont les acteurs de cette cérémonie.

Dans *L'Impromptu de Versailles* (1663), Molière se met lui-même en scène, cherchant à faire jouer une pièce aux acteurs de sa troupe :

> Molière. *Ah ! que le monde est plein d'impertinents ! Or sus, commençons. Figurez-vous donc premièrement que la scène est dans l'antichambre du Roi ; car c'est un lieu où il se passe tous les jours des choses assez plaisantes. Il est aisé de faire venir là toutes les personnes qu'on veut, et on peut trouver des raisons même pour y autoriser la venue des femmes que j'introduis. La comédie s'ouvre par deux marquis qui se rencontrent.* (À La Grange.) *Souvenez-vous bien, vous, de venir, comme je vous ai dit, là, avec cet air qu'on nomme le bel air, peignant votre perruque et grondant une petite chanson entre vos dents. « La, la, la, la, la, la ! » — Rangez-vous donc, vous autres, car il faut du terrain à deux marquis ; et ils ne sont pas gens à tenir leur personne dans un petit espace. — Allons, parlez.*
> La Grange. *« Bonjour, Marquis. »*
> Molière. *Mon Dieu ! ce n'est point là le ton d'un marquis : il faut le prendre un peu plus haut ; et la plupart de ces Messieurs affectent une manière de parler particulière, pour se distinguer du commun : « Bonjour, Marquis. » Recommencez donc.*

La Grange. *« Bonjour, Marquis.*
Molière. *« Ah ! Marquis, ton serviteur.*
La Grange. *« Que fais-tu là ?*
Molière. *« Parbleu ! tu vois : j'attends que tous ces messieurs aient débouché la porte, pour présenter là mon visage.*
La Grange. *« Têtebleu ! quelle foule ! Je n'ai garde de m'y aller frotter, et j'aime mieux entrer des derniers.*
Molière. *« Il y a là vingt gens qui sont fort assurés de n'entrer point, et qui ne laissent pas de se presser et d'occuper toutes les avenues de la porte.*
La Grange. *« Crions nos deux noms à l'huissier, afin qu'il nous appelle.*
Molière. *« Cela est bon pour toi ; mais pour moi, je ne veux pas être joué par Molière.*
La Grange. *« Je pense pourtant, Marquis, que c'est toi qu'il joue dans La Critique.*
Molière. *« Moi ? je suis ton valet : c'est toi-même en propre personne.*
La Grange. *« Ah ! ma foi, tu es bon de m'appliquer ton personnage.*
Molière. *« Parbleu ! je te trouve plaisant de me donner ce qui t'appartient.*
La Grange. *« Ha, ha, ha, cela est drôle.*
Molière. *Ha, ha, ha, cela est bouffon.*
La Grange. *« Quoi ! tu veux soutenir que ce n'est pas toi qu'on joue dans le marquis de* La Critique ?
Molière. *« Il est vrai, c'est moi.* Détestable, morbleu ! détestable ! tarte à la crème ! *C'est moi, c'est moi, assurément, c'est moi.*
La Grange. *« Oui, parbleu ! c'est toi ; tu n'as que faire de railler ; et si tu veux, nous gagerons, et verrons qui a raison des deux.*
Molière. *« Et que veux-tu gager encore ?*
La Grange. *« Je gage cent pistoles que c'est toi.*
Molière. *« Et moi, cent pistoles que c'est toi.*
La Grange. *« Cent pistoles comptant ?*
Molière. *« Comptant : quatre-vingt-dix pistoles sur Amyntas et dix pistoles comptant.*
La Grange. *« Je le veux.*
Molière. *« Cela est fait.*
La Grange. *« Ton argent court grand risque.*
Molière. *« Le tien est bien aventuré.*
La Grange. *« À qui nous en rapporter ?*
Molière. *« Voici un homme qui nous jegera. Chevalier... »*

Après Molière

•

Diderot a souvent utilisé, dans ses romans, la technique du théâtre dans le théâtre, ou tout au moins du spectacle dans le récit. Dans *Le Neveu de Rameau* (dont la première ébauche date de 1762), le « neveu » va offrir au « philosophe » plusieurs pantomines et saynètes. Ici, il joue le proxénète :

Lui. *Combien de fois je me suis dit : Comment, Rameau, il y a dix mille bonnes tables à Paris à quinze ou vingt couverts chacune, et de ces couverts-là il n'y en a pas un pour toi ! Il y a des bourses pleines d'or qui se*

Argan au milieu de ses oreillers (acte I, scène 6). Gravure de Laurent Cars, d'après un dessin de François Boucher (1703-1770). Paris, Bibliothèque de la Comédie française.

versent de droite et de gauche, et il n'en tombe pas une pièce sur toi ! Mille petits beaux esprits sans talent, sans mérite ; mille petites créatures sans charmes ; mille plats intrigants sont bien vêtus, et tu irais tout nu ! Et tu serais imbécile à ce point ? Est-ce que tu ne saurais pas mentir, jurer, parjurer, promettre, tenir ou manquer comme un autre ? Est-ce que tu ne saurais pas te mettre à quatre pattes comme un autre ? Est-ce que tu ne saurais pas favoriser l'intrigue de madame et porter le billet doux de monsieur comme un autre ? Est-ce que tu ne saurais pas encourager ce jeune homme à parler à mademoiselle et persuader à mademoiselle de l'écouter, comme un autre ? Est-ce que tu ne saurais pas faire entendre à la fille d'un de nos bourgeois qu'elle est mal mise, que de belles boucles d'oreilles, un peu de rouge, des dentelles, une robe à la polonaise lui siéraient à ravir ? Que ces petits pieds-là ne sont pas faits pour marcher dans la rue ? Qu'il y a un beau monsieur, jeune et riche, qui a un habit galonné d'or, un superbe équipage, six grands laquais, qui l'a vue en passant, qui la trouve charmante, et que depuis ce jour-là il en a perdu le boire et le manger ; qu'il n'en dort plus, et qu'il en mourra ? — Mais mon papa ? — Bon, bon, votre papa ! il s'en fâchera d'abord un peu. — Et maman qui me recommande tant d'être honnête fille ? qui me dit qu'il n'y a rien dans ce monde que l'honneur ? — Vieux propos qui ne signifient rien. — Et mon confesseur ? — Vous ne le verrez plus ; ou si vous persistez dans la fantaisie d'aller lui faire l'histoire de vos amusements, il vous en coûtera quelques livres de sucre et de café. — C'est un homme sévère qui m'a déjà refusé l'absolution pour la chanson, Viens dans ma cellule. *— C'est que vous n'aviez rien à lui donner... Mais quand vous lui apparaîtrez en dentelles... — J'aurai donc des dentelles ? — Sans doute et de toutes les sortes... en belles boucles de diamants... — J'aurai donc de belles boucles de diamants ? — Oui. — Comme celles de cette marquise qui vient quelquefois prendre des gants dans notre boutique ? — Précisément ; dans un bel équipage avec des chevaux gris pommelés, deux grands laquais, un petit nègre, et le coureur en avant ; du rouge, des mouches, la queue portée. — Au bal ? — Au bal... à l'Opéra, à la Comédie... déjà le cœur lui tressaillit de joie... Tu joues avec un papier entre tes doigts... — Qu'est cela ? — Ce n'est rien. — Il me semble que si. — C'est un billet. — Et pour qui ? — Pour vous, si vous étiez un peu curieuse. — Curieuse ? je le suis beaucoup, voyons... Elle lit... Une entrevue, cela ne se peut. — En allant à la messe. — Maman m'accompagne toujours ; mais s'il venait ici un peu matin ; je me lève la première et je suis au comptoir avant qu'on soit levé. Il vient, il plaît ; un beau jour à la brune, la petite disparaît, et l'on me compte mes deux mille écus... Et quoi ! tu possèdes ce talent-là et tu manques de pain. N'as-tu pas de honte, malheureux ?*

Je l'écoutais, et à mesure qu'il faisait la scène du proxénète et de la jeune fille qu'il séduisait, l'âme agitée de deux mouvements opposés, je ne savais si je m'abandonnerais à l'envie de rire, ou au transport de l'indignation. Je souffrais. Vingt fois un éclat de rire empêcha ma colère d'éclater ; vingt fois la colère qui s'élevait au fond de mon cœur se termina par un éclat de rire. J'étais confondu de tant de sagacité et de tant de bassesse, d'idées si justes et alternativement si fausses, d'une perversité si générale de sentiments, d'une turpitude si complète et d'une franchise si peu commune. Il s'aperçut du conflit qui se passait en moi : Qu'avez-vous ? me dit-il.

Marivaux, dans une de ses dernières pièces, *Les Acteurs de bonne foi* (1757), traite de ce thème du théâtre dans le théâtre. Dans la scène qui suit, la répétition d'un spectacle et la vie interfèrent : Merlin et Colette répètent une scène d'amour que leurs fiancés respectifs, Blaise et Lisette, supportent mal :

Merlin. *Bonjour, ma belle enfant : je suis bien sûr que ce n'est pas moi que vous cherchez.*

Colette. *Non, Monsieur Merlin ; mais ça n'y fait rien ; je suis bien aise de vous y trouver.*

Merlin. *Et moi, je suis charmé de vous rencontrer, Colette.*

Colette. *Ça est bien obligeant.*

Merlin. *Ne vous êtes-vous pas aperçu du plaisir que j'ai à vous voir ?*

Colette. *Oui, mais je n'ose pas bonnement m'apercevoir de ce plaisir-là, à cause que j'y en prenais aussi.*

Merlin, interrompant. *Doucement, Colette ; il n'est pas décent de vous déclarer si vite.*

Colette. *Dame ! comme il faut avoir de l'amiquié pour vous dans cette affaire-là, j'ai cru qu'il n'y avait point de temps à perdre.*

Merlin. *Attendez que je me déclare tout à fait, moi.*

Blaise, interrompant de son siège. *Voyez en effet comme alle se presse : an dirait qu'alle y va de bon jeu, je crois que ça m'annonce du guignon.*

Lisette, assise et interrompant. *Je n'aime pas trop cette saillie-là, non plus.*

Merlin. *C'est qu'elle ne sait pas mieux faire.*

Colette. *Eh bien ! velà ma pensée tout sens dessus dessous ; pisqu'ils me blâmont, je sis trop timide pour aller en avant, s'ils ne s'en vont pas.*

Merlin. *Éloignez-vous donc pour l'encourager.*

Blaise, se levant de son siège. *Non, morguié, je ne veux pas qu'alle ait du courage, moi ; je veux tout entendre.*

Lisette, assise et interrompant. *Il est vrai, m'amie, que vous êtes plaisante de vouloir que nous nous en allions.*

Colette. *Pourquoi aussi me chicanez-vous ?*

Blaise, interrompant, mais assis. *Pourquoi te hâtes-tu tant d'être amoureuse de Monsieur Merlin ? Est-ce que tu en sens de l'amour ?*

Colette. *Mais, vrament ! je sis bien obligée d'en sentir pisque je sis obligée d'en prendre dans la comédie. Comment voulez-vous que je fasse autrement ?*

Lisette, assise, interrompant. *Comment ! vous aimez réellement Merlin !*

Colette. *Il faut bien, pisque c'est mon devoir.*

Merlin, à Lisette. *Blaise et toi, vous êtes de grands innocents tous deux ; ne voyez-vous pas qu'elle s'explique mal ? Ce n'est pas qu'elle m'aime tout de bon ; elle veut dire seulement qu'elle doit faire semblant de m'aimer ; n'est-ce pas, Colette ?*

Colette. *Comme vous voudrez, Monsieur Merlin.*

Merlin. *Allons, continuons, et attendez que je me déclare tout à fait, pour vous montrer sensible à mon amour.*

Colette. *J'attendrai, Monsieur Merlin ; faites vite.*

Merlin, recommençant la scène. *Que vous êtes aimable, Colette, et que j'envie le sort de Blaise, qui doit être votre mari !*

Colette. *Oh ! oh ! est-ce que vous m'aimez, Monsieur Merlin ?*

Merlin. *Il y a plus de huit jours que je cherche à vous le dire.*

Colette. *Queu dommage ! car je nous accorderions bien tous deux.*
Merlin. *Et pourquoi, Colette ?*
Colette. *C'est que si vous m'aimez, dame !... Dirai-je ?*
Merlin. *Sans doute.*
Colette. *C'est que, si vous m'aimez, c'est bian fait ; car il n'y a rian de pardu.*
Merlin. *Quoi ! chère Colette, votre cœur vous dit quelque chose pour moi ?*
Colette. *Oh ! il ne me dit pas queuque chose, il me dit tout à fait.*
Merlin. *Que vous me charmez, bel enfant ! Donnez-moi votre jolie main, que je vous en remercie.*
Lisette, interrompant. *Je défends les mains.*
Colette. *Faut pourtant que j'en aie.*
Lisette. *Oui, mais il n'est pas nécessaire qu'il les baise.*
Merlin. *Entre amants, les mains d'une maîtresse sont toujours de la conversation.*
Blaise. *Ne permettez pas qu'elles en soient, Mademoiselle Lisette.*
Merlin. *Ne vous fâchez pas, il n'y a qu'à supprimer cet endroit-là.*
Colette. *Ce n'est que des mains, au bout du compte.*
Merlin. *Je me contenterai de lui tenir la main de la mienne.*
Blaise. *Ne faut pas magnier non plus ; n'est-ce pas, Mademoiselle Lisette ?*
Lisette. *C'est le mieux.*
Merlin. *Il n'y aura point assez de vif dans cette scène-là.*
Colette. *Je sis de votre avis, Monsieur Merlin, et je n'empêche pas les mains, moi.*
Merlin. *Puisqu'on les trouve de trop, laissons-les, et revenons.* (Il recommence la scène.) *Vous m'aimez donc, Colette, et cependant vous allez épouser Blaise ?*
Colette. *Vraiment ça me fâche assez ; car ce n'est pas moi qui le prends ; c'est mon père et ma mère qui me le baillent.*
Blaise, interrompant et pleurant. — *Me velà donc bien chanceux !*
Merlin. *Tais-toi donc, tout ceci est de la scène, tu le sais bien.*
Blaise. *C'est que je vais gager que ça est vrai.*
Merlin. *Non, te dis-je ; il faut ou quitter notre projet ou le suivre ; la récompense que Madame Amelin nous a promise vaut bien la peine que nous la gagnions ; je suis fâché d'avoir imaginé ce plan-là, mais je n'ai pas le temps d'en imaginer un autre ; poursuivons.*
Colette. *Je le trouve bien joli, moi.*
Lisette. *Je ne dis mot, mais je n'en pense pas moins. Quoi qu'il en soit, allons notre chemin, pour ne pas risquer notre argent.*
Merlin, recommençant la scène. *Vous ne vous souciez donc pas de Blaise, Colette, puisqu'il n'y a que vos parents qui veulent que vous l'épousiez ?*
Colette. *Non, il ne me revient point ; et si je pouvais, par queuque manigance, m'empêcher de l'avoir pour mon homme, je serais bientôt quitte de li ; car il est si sot !*
Blaise, interrompant, assis. *Morgué ! velà une vilaine comédie !*
Merlin. (À Blaise.) *Paix donc !* (À Colette.) *Vous n'avez qu'à dire à vos parents que vous ne l'aimez pas.*
Colette. *Bon ! je li ai bien dit à li-même, et tout ça n'y fait rien.*
Blaise, se levant pour interrompre. *C'est la vérité qu'alle me l'a dit.*
Colette, continuant. *Mais, Monsieur Merlin, si vous me demandiais en*

mariage, peut-être que vous m'auriais ? Seriais-vous fâché de m'avoir pour femme ?
Merlin. *J'en serais ravi ; mais il faut s'y prendre adroitement, à cause de Lisette, dont la méchanceté nous nuirait et romprait nos mesures.*
Colette. *Si alle n'était pas ici, je varrions comme nous y prenre ; fallait pas parmettre qu'alle nous écoutît.*
Lisette, se levant pour interrompre. *Que signifie donc ce que j'entends là ? Car, enfin, voilà un discours qui ne peut entrer dans la représentation de votre scène, puisque je ne serai pas présente quand vous la jouerez.*
Merlin. *Tu n'y seras pas, il est vrai ; mais tu es actuellement devant ses yeux, et par méprise elle se règle là-dessus. n'as-tu jamais entendu parler d'un axiome qui dit que l'objet présent émeut la puissance ? voilà pourquoi elle s'y trompe ; si tu avais étudié, cela ne t'étonnerait pas. À toi, à présent, Blaise ; c'est toi qui entres ici, et qui viens nous interrompre ; retire-toi à quatre pas, pour feindre que tu arrives ; moi, qui t'aperçois venir, je dis à Colette : Voici Blaise qui arrive, ma chère Colette ; remettons l'entretien à une autre fois* (à Colette) *et retirez-vous.*
Blaise, approchant pour entrer en scène. *Je suis tout parturbé, moi, je ne sais que dire.*
Merlin. *Tu rencontres Colette sur ton chemin, et tu lui demandes d'avec qui elle sort.*
Blaise, commençant la scène. *D'où viens-tu donc, Colette ?*
Colette. *Eh ! je viens d'où j'étais.*
Blaise. *Comme tu me rudoies !*
Colette. *Oh ! dame ! accomode-toi ; prends ou laisse. Adieu.*

Au xxe siècle, le thème du théâtre dans le théâtre est souvent repris. Dans *Les Bonnes* (1947) de Jean Genêt, Claire et Solange, au début de la pièce, jouent la maîtresse et sa servante :

Claire, debout, en combinaison, tournant le dos à la coiffeuse. Son geste — le bras tendu — et le ton seront d'un tragique exaspéré. *Et ces gants ! Ces éternels gants ! Je t'ai dit assez souvent de les laisser à la cuisine. C'est avec ça, sans doute, que tu espères séduire le laitier. Non, non, ne mens pas, c'est inutile. Prends-les au-dessus de l'évier. Quand comprendras-tu que cette chambre ne doit pas être souillée ? Tout, mais tout ! ce qui vient de la cuisine est crachat. Sors. Et remporte tes crachats ! Mais cesse !* (Pendant cette tirade, Solange jouait avec une paire de gants de caoutchouc, observant ses mains gantées, tantôt en bouquet, tantôt en éventail.) *Ne te gêne pas, fais ta biche. Et surtout ne te presse pas, nous avons le temps. Sors !* (Solange change soudain d'attitude et sort humblement, tenant du bout des doigts les gants de caoutchouc. Claire s'assied à la coiffeuse. Elle respire les fleurs, caresse les objets de toilette, brosse ses cheveux, arrange son visage.) *Préparez ma robe. Vite, le temps presse. Vous n'êtes pas là ?* (Elle se retourne.) *Claire ! Claire !* (Entre Solange.)
Solange. *Que Madame m'excuse, je préparais le tilleul* (elle prononce tillol) *de Madame.*
Claire. *Disposez mes toilettes. La robe blanche pailletée. L'éventail, les émeraudes.*
Solange. *Tous les bijoux de Madame ?*
Claire. *Sortez-les. Je veux choisir. Et naturellement les souliers vernis. Ceux que vous convoitez depuis des années.* (Solange prend dans l'armoire

Représentation nationale du Malade imaginaire *le 6 avril 1848 au Théâtre de la République (Comédie française). Gravure extraite de* L'Illustration *du 15 avril 1848. Paris, Bibliothèque de l'Arsenal.*

quelques écrins qu'elle ouvre et dispose sur le lit.) *Pour votre noce sans doute. Avouez qu'il vous a séduite ! Que vous êtes grosse ! Avouez-le !* (Solange s'accroupit sur le tapis, et, crachant dessus, cire des escarpins vernis.) *Je vous ai dit, Claire, d'éviter les crachats. Qu'ils dorment en vous, ma fille, qu'ils y croupissent. Ah ! ah !* (Elle rit nerveusement.) *Que le promeneur égaré s'y noie. Ah ! ah ! vous êtes hideuse, ma belle. Penchez-vous davantage et vous regardez dans mes souliers.* (Elle tend son pied que Solange examine.) *Pensez-vous qu'il me soit agréable de me savoir le pied enveloppé par les voiles de votre salive ? Par la brume de vos marécages ?*

Solange, à genoux et très humble. *Je désire que Madame soit belle.*

Claire. *Je le serai.* (Elle s'arrange dans la glace.) *Vous me détestez, n'est-ce pas ? Vous m'écrasez sous vos prévenances, sous votre humilité, sous les glaïeuls et le réséda.* (Elle se lève et d'un ton plus bas.) *On s'encombre inutilement. Il y a trop de fleurs. C'est mortel.* (Elle se mire encore.) *Je serai belle. Plus que vous ne le serez jamais.*

Jean Genet, *Les Bonnes* (1947), © Marc Barbezat, éd. L'Arbalète.

Amour contrarié

•

Le thème est représenté par Angélique et Cléante, dont l'amour est contrarié par Argan qui veut un gendre médecin, afin de pouvoir avoir recours à lui à tout moment ! De plus, Argan n'est pas seul à s'acharner contre eux, puisque la femme d'Argan, Béline, veut mettre sa belle fille dans un couvent pour pouvoir la frustrer de son héritage. Enfin, le médecin d'Argan, monsieur Purgon, veut s'attacher définitivement son malade en lui donnant pour gendre son neveu, Thomas Diafoirus, qui, lui, tient à ce mariage lucratif.
Ce thème du père qui contrarie par égoïsme les amours de sa fille, est fréquent chez Molière (voir « Les sources », ci-dessus p. 152).

Argent

•

Si Argan est entièrement soumis à la médecine, il n'en révise pas moins les factures de son apothicaire pour les réduire. Pour flatter sa passion pour sa femme, il est prêt à « lui donner tout (son) bien et à en frustrer (ses) enfants » (I,7).
Mais le thème de l'argent est surtout illustré par Béline et monsieur de Bonnefoi — dont le nom est un magnifique anti-programme. Monsieur de Bonnefoi est un notaire véreux, prêt à enseigner à Argan les moyens de détourner les lois, pour mieux servir Béline. Béline est une intrigante qui s'est sans doute fait une spécialité d'amener au legs en sa faveur de vieux maris malades. Elle fait partie de ces femmes qui « courent sans scrupule de mari en mari pour s'approprier leur dépouille », lui dit sans détour Angélique (II, 6).

Colère

•

La colère explose à maintes reprises, en particulier lorsque l'on doute de sa maladie ! C'est l'un des ressorts comiques de la pièce que de voir ce malade perpétuel, enfoncé dans ses coussins, tout à coup sauter comme s'il était monté sur un ressort et oublier bien vite qu'il est malade et qu'il doit donc se traîner lamentablement, simplement parce qu'on l'a contredit ! Exemple :

> Argan, avec emportement. *Je ne suis point bon, et je suis méchant quand je veux.*
>
> Toinette. *Doucement, monsieur, vous ne songez pas que vous êtes malade.* (I, 5).

Couple

•

Le seul couple marié de la pièce est celui d'Argan et de Béline. L'amour ne les unit guère. Béline cherche à hériter le plus vite possible et le plus possible. Argan aime surtout en Béline une garde-malade attentionnée et, quand il découvrira la fausseté de Béline, il n'en paraîtra guère affecté. C'est qu'il s'aime avant tout lui-même !
Le couple naissant est représenté par Angélique et Cléante (voir « Amour contrarié »).
D'autres personnages évoluent par couple :
• Le couple père/fils des Diafoirus, dans lequel Thomas est un pantin manœuvré par son père.
• Le couple monsieur Purgon/monsieur Fleurant, le médecin et l'apothicaire, qui prennent fait et cause l'un pour l'autre et quitteront ensemble Argan qui a délaissé leur clystère !
• Le couple Béralde/Toinette, complices pour faire échouer tout ce qui peut faire obstacle au bonheur d'Angélique.
• Le couple, enfin, d'intrigants : Béline/monsieur de Bonnefoi.
Seule la petite Louison navigue entre tous les personnages. Son jeune âge empêche qu'elle soit véritablement liée à aucun autre personnage.

Déguisement

•

Cléante est devenu maître à chanter d'Angélique pour pouvoir pénétrer chez elle. Toinette va devenir médecin pour détourner Argan de la médecine ; Louison va contrefaire la morte pour échapper aux verges d'Argan ; et Argan va contrefaire le mort pour confondre Béline, qui, elle, n'a cessé de jouer la femme aimante. Cléante et Angélique vont chanter un opéra qui n'existe pas, et Argan est un malade... imaginaire ! Tout est faux dans cette pièce, sauf la bêtise des médecins et peut-être l'amour de Cléante et d'Angélique. Ce thème du déguisement a été très souvent utilisé par Molière (voir « Les sources », ci-dessus p. 152).

Hypocrisie

•

Elle est représentée par :
• Béline, qui joue les femmes tendres et dévouées alors qu'elle ne cherche qu'un héritage.

• Toinette qui trompe Béline pour mieux aider Angélique. C'est en quelque sorte l'hypocrisie érigée en vertu lorsqu'elle s'exerce contre l'abus de pouvoir dont usent les hypocrites.
• Monsieur de Bonnefoi qui, par appât du gain, enseigne l'art de détourner les lois, tout comme Tartuffe apprenait à Elmire à détourner les lois divines.
Molière se bat donc dans ses pièces contre tous les casuistes, contre tous les clans organisés, qu'ils soient médecins ou cabale de dévôts !

Médecine

•

La satire de la médecine est au cœur de la pièce. Les médecins sont présentés comme bornés, plus attachés à un rituel qu'à la vie de leurs malades. La cérémonie finale en est d'ailleurs la preuve. La médecine est, d'autre part, considérée comme de la magie ! Il suffit que monsieur Purgon menace de mort Argan pour que celui-ci se croie perdu ! Mais les médecins du *Malade imaginaire*, s'ils sont intéressés, ne sont cependant pas de purs charlatans : ils croient à leurs remèdes ! (Ce qui n'est pas le cas de Fileron dans *L'Amour médecin*, par exemple). Béralde parle ainsi de monsieur Purgon : « C'est un homme tout médecin, depuis la tête jusqu'aux pieds ; un homme qui croit à ses règles plus qu'à toutes les démonstrations des mathématiques [...] ; qui ne voit rien d'obscur dans la médecine [...]. Il ne lui faut point vouloir mal de tout ce qu'il pourra vous faire ; c'est de la meilleure foi du monde qu'il vous expédiera[...]. » (III, 3) Enfin, selon Molière, la médecine est tellement dangereuse qu'elle est un luxe pour bien-portant.
Exemple :

> Argan. *Tant pis pour lui, s'il n'a pas recours aux remèdes.*
> Béralde. *Il a ses raisons pour n'en vouloir, et il soutient que cela n'est permis qu'aux gens vigoureux et robustes et qui ont des forces de reste pour porter les remèdes avec la maladie ; mais que, pour lui, il n'a justement de la force que pour porter son mal.* (III, 3).

Mort

•

La mort plane sur toute la pièce. Les médecins — vrais et faux — n'ont pas peur de disserter sur elle :

> Monsieur Diofoirus. *Prouvez que l'on suive le courant des règles de l'art, on ne se met point en peine de tout ce qui peut arriver.* (II, 5).

ou de la prédire à leur malade récalcitrant :

> Monsieur Purgon. *Et de l'hydropisie dans la privation de la vie, où vous aura conduit votre folie.* (III, 5).

Les personnages l'utilisent : Louison et Argan contrefont les morts. On a un peu l'impression d'un jeu de cache-cache avec la mort. On se joue d'elle, mais elle va bientôt se jouer de nous, semble nous dire Molière.

Théâtre

•

Le théâtre tient une grande place dans l'œuvre. Tout d'abord parce que les personnages y assistent à des représentations (les intermèdes), y participent (l'intermède final), chantent un opéra (Cléante et Angélique ; voir « Les sources », ci-dessus p. 152), mais aussi parce que Molière se consacre à lui-même une grande partie d'une scène, la scène 3 de l'acte III. Le théâtre est présenté comme le remède à toutes les maladies : « Cela vaudra bien une ordonnance de monsieur Purgon », dit Béralde à son frère (II, 9), en lui annonçant un divertissement. Le théâtre sert aussi de révélateur, il dessille les yeux des spectateurs trop crédules : « J'aurais souhaité de pouvoir vous tirer de l'erreur où vous êtes, et, pour vous divertir, vous mener voir, sur ce chapitre, quelqu'une des comédies de Molière », dit encore Béralde à son frère (III, 3). Enfin, Molière justifie son action : « Ce ne sont point les médecins qu'il joue, mais le ridicule de la médecine. » (III, 3).

LEXIQUE

amant : qui aime et est aimé.
apprêts : préparatifs.
art : pratique.
bile : liquide sécrété par le foie.
carogne : charogne (injure).
casse : remède pour purger (gousse de canificier).
clystère : lavement.
contrainte : surveillance.
contrefaire : imiter.
crevé : mort.
d'abord : tout de suite.
dessein : projet.
didascalie : indication scénique.
entendre : comprendre, vouloir dire.
feindre : faire semblant.
fidèle : à qui l'on peut se fier, honnête.
généreusement : noblement.
honnête : poli, courtois.
impertinent : (qui agit) contre le bon sens.
inclination : attirance amoureuse.
intempérie : mauvaise constitution.
invective : injure.
maîtresse : femme aimée.
nue (la) : le ciel.
obliger : rendre service (*être obligé* : être reconnaissant).
ordonner : prescrire par ordonnance.
ouïr : entendre.
payable au porteur : que l'on paiera à celui qui porte le billet.
pendard(e) : digne d'être pendu(e) [injure].
(être) plaisant : se moquer de.
s'accommoder : se conformer.
sans doute : sans aucun doute, très certainement.
si j'étais que de (vous) : si j'étais à (votre) place.
songer : réfléchir (*ne pas songer* : oublier, ne pas réfléchir à).
soporatif : qui fait transpirer.
souffrir : supporter.
tout à l'heure : tout de suite.
transport : passion.
en user : agir, se comporter.
zèle : ardeur à rendre service à quelqu'un que l'on aime.

BIBLIOGRAPHIE

Édition : *Œuvres complètes de Molière* en deux tomes, éd. de G. Couton, La Pléiade (Gallimard, 1971). *Le Malade imaginaire* est dans le second tome.

Sur Molière et son temps :
- *Les Miroires du Soleil - Littérature et Classicisme au siècle de Louis XIV*, de Christian Biet (Découvertes, Gallimard, n° 58).
- *La Vie quotidienne des médecins au temps de Molière*, de C. Millepierres, Hachette (réédition « Le Livre de Poche », n° 5809).
- *La Vie quotidienne des comédiens au temps de Molière*, de G. Mongrédien, Hachette, 1966, rééd. 1982.
- *Molière, sa vie, son œuvre*, de S. Chevalley, F. Birr, 1984.
- *Le Théâtre*, sous la direction de D. Couty et A. Rey, Bordas, 1980.

Filmographie / Discographie :
- *Molière ou la Vie d'un honnête homme*, d'A. Mnouchkine, 1978, diffusé par les Artistes Associés et Antenne 2. Film réalisé par une femme de théâtre qui, à trois cents ans de distance, vit un peu la même expérience que Molière : responsable d'une compagnie, metteur en scène, auteur (film disponible en deux vidéocassettes, Polygram vidéo).
- *Cyrano de Bergerac*, de C. Pinotteau, 1990 : à voir surtout pour le début (une représentation à l'Hôtel de Bourgogne), mais aussi pour la saveur de l'ensemble (film disponible en vidéocassette, Nouvelle Messagerie Video).
- *Le Malade imaginaire*, double compact disque, ES / Auvidis, n° 7963.

Imprimé en France par Hérissey à Évreux - N° 85158
Dépôt légal N° 7974/09/99 - Collection N° 10 - Édition N° 12

16/6203/0